하나님처럼 사랑하기

Equipped to Love

Building Idolatry-Free Relationships

신실하고 사랑스러운 아내이자
친구이며 격려자인
영혼의 동반자, 알마에게 이 글을 바칩니다.

하나님처럼 사랑하기 Equipped to Love

초판 1쇄 인쇄 2014년 12월 26일
초판 1쇄 발행 2015년 01월 05일
지은이 노옴 웨이크필드

교 정 목윤희
펴낸이 박진하
펴낸곳 홈앤에듀
신고번호 제 379-251002011000011호
주 소 경기도 성남시 수정구 복정동 639-3 정주빌딩 B1
전 화 050-5504-5404
홈페이지 홈앤에듀 http://www.homenedu.com
패밀리 홈스쿨지원센터 http://homeschoolcenter.co.kr
　　　　아임홈스쿨러 http://www.imh.kr
E-mail homenedu@naver.com
판권소유 홈앤에듀 (가정과 다음 세대의 회복을 위한 홈스쿨사역단체 홈스쿨지원센터의 출판 브랜드)

※ 본 도서는 『사랑의 기술』(NCD 刊)의 판권을 구입하여 홈앤에듀에서 재출간한 도서입니다.

ISBN 978-89-967112-6-1 03230
값 11,000원

홈앤에듀

"하나님이 우리를
사랑하시는 사랑을
우리가 알고 믿었노니 하나님은 사랑이시라
사랑 안에 거하는 자는 하나님 안에 거하고
하나님도 그의 안에 거하시느니라"(요일 4:16)

교회가 증거해야 할 가장 큰 특징이 바로 사랑이라는 사실에 대해서는 많이들 이야기해 왔다. 그러나 목사들은 사랑하기를 원하지만 어떻게 사랑해야 하는지 방법을 모르고, 자신이 왜 진정한 사랑을 하지 못하는 것인지 그 이유조차 모르는 성도들을 종종 만나게 된다. 내가 이 책을 쓰기 위해 영감을 받게 된 것도 이러한 이유들 때문이다.

그리스도인들에게 사랑의 의무를 강조하는 책들은 많지만, 왜 우리가 사랑을 할 수 없는 것인지 그 원인을 알게 해 주거나 어떻게 사랑을 하면 되는지 방법을 알려주는 책들은 거의 찾아보기 힘들었다. 단지 이 책에 나온 몇 가지 지식을 적용한다거나 정해진 지침을 따르는 정도로 사랑이 완성된다고 할 수는 없지만, 나는 이 책에서 나의 경험을 통해, 그리고 하나님의 인도하심을 통해 얻은 통찰력과 경험들을 나누면서 사랑에 대해 함께 나누고자 한다. 무엇보다도 성경에 나타난 통찰력을 통해 하나님은 여러분에게도 사랑의 준비를 시키실 것이라고 확신한다.

내가 이 책에서 독자들에게 수많은 방법들을 일일이 추천하지 않는 이유는 성경 말씀에 모든 지혜와 통찰력이 담겨져 있음을 신뢰하기 때문이다. 사랑의 교육과정으로 성경말씀만큼 명확하고 큰 가르침은 없다.

내가 이 책을 쓴 이유는 나 자신에게도 사랑의 정의에 대한 명확한 정립이 절실했기 때문이다. 설교자는 자신의 생활 속에 적용할 필요가 있는 부분을 설교 주제로 삼는다는 말을 들은 적이 있다. 내 경우도 역시 마찬가지다! 아내 알마와 나의 자녀들 애비, 앨리사, 미가, 아만다에게 감사의 말을 전하고 싶다. 그들은 내가 사랑하는 법을 배우는 기간 동안 인내로 기다려 주었다. 내가 남편과 아버지가 되기 전에 사랑하는 법을 깨닫고 잘 준비되었더라면 얼마나 좋았을까? 하지만 나는 그런 준비가 되어 있지 않았다. 어쩌면 독자 여러분도 그러한 상황에 있을지도 모르겠다.

이 책은 아내를 사랑하는 법을 알고자 하는 남편들과, 남편을 사랑하고자 소망하는 아내들 그리고 예수님의 사랑으로 자녀들을 사랑하고자 갈망하는 부모들과, 자신의 형제, 자매, 부모를 사랑하고자 애쓰는 십대 청소년과 하나님을 더욱 사랑하기 원하는 하나님의 사람들을 위해 쓰여졌다.

오늘날 사회에 만연되고 있는 인본주의와 쾌락주의가 결혼과 가정에 미치는 악영향을 보면서 더욱 이 책을 쓰고자 하는 소망이 일어났다. 사람들이 결혼 생활을 하면서 그토록 처절한 고통을 겪고 있는 이유는 결혼 전과 결혼 후의 관계가 우상 숭배의 기초 위에 세워졌기 때문이다. 결과적으로, 그러한 기초 위에 세워진 결혼 관계는 일대 혼란을 겪게 된다. 교회 안의 이혼율은 일반 사회의 이혼율과 거의 같은 비율이다. 만일 이 책을 읽는 당신이 현재 결혼 생활에 있어서 위기를 맞아 사랑의 관계가 단절된 상태라면, 당신에게 이 책을 추천해 주신 하나님께 감사드리라. 이 책은 바로 여러분과 같은 이들을 위한 것이 기 때문이다! 사랑의 준비를 하기에 너무 늦은 때란 없다.

지난 2년 동안 나의 두 딸이 결혼을 했다. 그들의 결혼이 예수 그리스도의 사랑에 기초한 것은 참으로 큰 축복이었다. 여러분도 자기 자녀들이 사랑할 준비가 되어 있는 상태로 결혼할 수 있도록 하는 것이 얼마나 중요한지, 그 가치를 깨닫게 되리라 믿는다. 나는 이 책이 결혼하기에 앞서 관계의 기초를 견고히 세워주는 지침으로 사용될 수 있기를 바란다.

책을 읽는 사람의 나이와 성별, 결혼 여부와 상관없이, 이 책을 읽는 것은 그들의 인생을 풍요하게 해 줄 것이라 생각한다. 하나님은 이미 이 책에 담긴 진리와 통찰을 통해서 나의 결혼 생활을 보호하시고, 관계를 변화시켜 주셨으며, 하나님을 향한 더욱 큰 사랑을 새로이 북돋워 주셨다.

나는 하나님께서 그의 말씀과 그의 아들 예수 그리스도 그리고 성령을 통하여 나에게 주신 많은 것들에 감사드린다. 또한 이 책을 위해 직접적으로나 간접적으로 도움을 주신 많은 분들께 이 자리를 빌어 감사의 말씀을 전하고 싶다.

먼저, 헌신적인 지지와 격려를 보여 주신 캘리포니아 주, 파운튼 밸리의 코우스트 커뮤니티 교회의 성도들에게 깊은 감사의 뜻을 전하고 싶다. 그들은 우리 가족들을 위해 기꺼이 자신들의 시간과 재정적인 도움을 아끼지 않았고, 이 책이 쓰여질 수 있도록 깊은 영감을 불어넣어 주었다. 이 책은 하나님과 연합하여 그 은혜 안에서 나에게 최고의 사랑을 쏟아 부어 준 성도들의 열매다.

또한 그리스도 중심의 비평과 통찰력을 보여 준 제리 화이트 2세 형제에게 감사드린다. 제리 형제는 책에 대한 논평을 해 주었을 뿐 아니라, 수년 동안 내 삶 속에 깊이 새겨지도록 올바른 사랑의 모범을 보여 주어, 내가 이 책을 쓸 수 있도록 큰 영향력을 미친 사람이다.

마지막으로 우리 가족들에게 감사한다. 그들은 하나님이 내게 보내 주신 최고의 격려자들이다. 하나님께서는 예수님을 통하여, 그리고 다음으로 우리 가족들을 통하여 나에게 사랑하는 법을 가르치셨고, 더욱 큰 사랑을 나눌 수 있도록 준비시켜 주셨다.

차 례

"내가 예언하는 능력이 있어
모든 비밀과 모든 지식을 알고
또 산을 옮길 만한 모든 믿음이 있을지라도
사랑이 없으면 내가 아무 것도 아니요"(고전 13:2)

사랑이란 단어의 진정한 의미가 희석되는 경우는 아주 허다하다. 우리는 자신의 승용차와 아파트, 직장, 스포츠 경기, 취미 등 수만 가지를 놓고 이것들을 '사랑한다'라고 표현한다. 하지만 사람들이 자신의 자가용을 사랑한다는 말은 대체 무슨 의미인가? 사람을 사랑하듯이 차를 사랑한다는 말인가? 대부분 사람들은 "그럼요"라고 대답한다. 우리는 사물을 사랑하는 방법을 하나님과 사람을 사랑하는 방법과 혼동한다. 그렇게 올바르지 않은 방법으로 사랑을 할 때, 우리는 좌절감을 느끼고 실패감에 사로잡히게 된다.

당신은 하나님을 사랑하기 위해 애를 쓰는가? 어릴 적부터 교회 생활을 해 온 사람이라면 하나님을 사랑해야 한다는 사실을 잘 알고 있을 것이다. 사도 바울은 이렇게 썼다. "만일 누구든지 주를 사랑하지 아니하거든 저주를 받을지어다"(고전 16:22). 나는 이 말씀을 문자 그대로 받아들였다. 그래서 나는 셀 수도 없이 많은 시간 동안, 하나님을 사랑하지 않는 것에 대한 두려움으로 끊임없이 괴로워했다. 그러나 이제 나는 의무감으로 하나님을 사랑하지 않는다. 하나님의 긍휼하심, 능력의 말씀, 용서, 나를 향한 세밀한 보살핌, 내려 주신 은사들, 나를 위한 중보, 그분의 죽으심과 부활을 알게 되면서 그분을 마음속 깊이 사랑하지 않을 수 없게 되었다. 그러나 때론 그분에 대한 나의 사랑이 서늘히 식어 버리는 때도 있다. 사실, 하나님을 향한 나의 태도가 올바르지 않은 경우도 많다.

예를 들면, 내가 29세 되던 때 나는 막 영적으로 새롭게 태어났지만, 내 안에는 하나님을 향한 쓴뿌리가 있었다. 그리고 그것이 하나님과 나와의 관계에 좋지 않은 영향을 미치고 있음을 깨닫게 되었다. 나는 하나님을 알게 되었지만 하나님이 나를 너무 늦게 만나 주신 것에 대해 원망하는 마음이 있었다. 17년간이나 하나님을 믿어 왔지만 나는 올바른 신앙인이 되고자 내 방식대로 열심히 노력해 왔을 뿐이었다. 그 긴 세월 동안 진정으로 하나님의 사랑을 경험해 보지 못했던 것이 너무도 속상했던 것이다. 나는 하나님의 사랑이 무엇인지, 또 어떻게 사랑하는 것인지 그 방법조차도 알지 못했다. 비록 지금은 하나님께서 하나님의 때에 찾아오신 것이란 사실을 알게 되어 마음이 편해졌지만 시간을 헛되이 허비하기 전에 보다 빨리 하나님의 사랑을 알 수 있도록 도와주는 책이 있기를 간절히 바랄 뿐이다.

당신 자신이 한계를 느낄 만큼 사랑하기 힘겨운 대상이 있는가? 우리가 가장 사랑하고자 갈망하는 사람들이 실상 가장 사랑하기 힘든 사람들인 경우가 많다. 내가 상담했던 한 부부가 바로 그와 같은 경우의 전형적인 예였다. 그 부부는 '사랑과 증오의 관계'로 얽혀진 결혼 생활을 하면서, 이를 유지하고자 발버둥치고 있었다. 그들은 서로를 사랑한다고는 말했지만, 상대와 원만한 생활을 할 수가 없었다. 그들은 툭하면 서로에게 싸움을 걸었다. 여러분은 자신과 가장 가까운 아내와 남편과 자녀 그리고 형제, 자매와 직장 동료들을 왜 사랑하기 힘든지 그 이유를 알고 싶지 않은가? 더 나아가, 그들을 하나님의 사랑으로 사랑함으로써 하나님께 영광을 돌리고 싶지 않은가?

당신 스스로 더 이상 사랑할 수 없다는 생각이 들고 또 심각하게 자기 중심적인 태도 때문에 고통을 당하고 있다면 그리고 사랑하기 위해 더 노력해야 할 필요가 있다고 느낀다면, 이제는 기뻐하고 즐거워하라. 더 이상 자기 혼자 애쓸 필요없이, 문제의 해결책을 발견하게 될 것이기 때문이다. 또한 당신이 하나님과 다른 사람을 더욱 깊이 사랑하고자 갈망한다면, 그 관계를 향한 하나님의 목적이 무엇인지 배우면서 큰 힘을 얻게 될 것이다. 그리고 하나님이 당신의 삶 가운데 사랑하기 어려운 사람들과 힘겨운 상황을 허락하실 때에, 당신 안에 이루어질 하나님의 역사가 무엇인지에 대해 통찰력을 얻게 된다면 더욱 풍성하고 지혜롭고 소망으로 가득한 삶을 살 수 있을 것이다. 주변의 사람들과 환경을 통해 하나님의 인도하심을 경험하며 소중한 하나님의 사랑을 깊이 체험하면서 하나님의 방법을 깨닫게 될 것이다.

이 책은 우리의 관계에 상처를 주는 거짓 사랑의 태도와 행동을 일깨우며 진정한 사랑의 의미를 설명하고 있다.

여러분은 이 책을 통해 하나님의 사랑과 세상적인 사랑의 차이점을 알게 될 것이며 하나님과 모든 사람들과의 관계에서 우상숭배적인 태도를 버릴 수 있게 될 것이다. 또한 그것을 버리기 위해 우상숭배의 유형들을 파악해 나가면서 마침내 하나님의 진정한 사랑으로 사랑할 수 있게 될 것이다.

앞으로 살펴보게 될 사랑의 종류는 그리스어로 아가페라는 단어의 사랑이다. 아가페는 다른 모든 종류의 사랑보다도 뛰어나며, 형제애 (필레오)와 이성애(에로스)의 근본을 이루는 사랑이다. 우리는 모든 관계에 있어 사랑이 그 근본 동기가 되는 수준으로까지 성숙하기를 갈망한다. 성경을 보면, 우리의 마음속에 숨겨진 파괴적인 동기가 무 엇인지 말씀을 통해 드러나게 된다는 사실을 알 수 있다.

> 하나님의 말씀은 살았고 운동력이 있어 좌우에 날선 어떤 검보다도 예리 하여 혼과 영과 및 관절과 골수를 찔러 쪼개기까지 하며 또 마음의 생각 과 뜻을 감찰하나니, 지으신 것이 하나라도 그 앞에 나타나지 않음이 없 고 오직 만물이 우리를 상관하시는 자의 눈 앞에 벌거벗은 것같이 드러 나느니라(히 4:12~13).

우리의 사랑이 더욱 정결해지고 성숙해지기 위해서는 반드시 말씀 이 필요하다. 하나님의 말씀에서 드러나는 통찰력은 그 힘이 매우 강 력하며 인생을 변화시키는 능력을 가지고 있다.

나는 그리스도인 가정에서 지적인 교육과 능력만을 갖추도록 길들 여진 자녀들보다는 사랑의 능력을 지닌 자녀들이 양육되기를 간절 히 바라며, 또 이에 대하여 깊은 마음의 부담을 느끼고 있다. 또한 나 는 부모들의 마음속에 놀라운 비전이 심어지기를 소망하고 있다. 이

러한 가정 안에서 사랑으로 양육된 청년 세대들이 그 다음 세대에 미
칠 놀라운 영향력을 생각해 보라.

자녀들을 성공적으로 양육하여 주님을 사랑하고, 책임감 있으며,
하나님의 나라에 크게 공헌하는 능력있는 세대가 되게 하기 위해서는
여러 가지 요소들이 수반되어야 한다. 우리는 보통 교육적인 요소와
신체적, 영적, 사회적 그리고 성격적인 요소 등을 중요하게 생각한다.

하지만 이 모든 양육의 요소 가운데 하나님의 말씀이 가장 중요하
게 다루고 있는 것은 사랑이다. 사도 바울은 고린도 교인들을 향한 편
지에서 사랑없는 교육의 가치를 낮게 평가하며 사랑의 요소가 가진
중요성을 간략하게 언급했다. "내가 예언하는 능이 있어 모든 비밀과
모든 지식을 알고 또 산을 옮길 만한 모든 믿음이 있을지라도 사랑이
없으면 내가 아무것도 아니요"(고전 13:2).

당신의 삶 속에 있는 사랑의 요소는 과연 무엇인가? 당신의 삶 가
운데 이러한 사랑의 요소가 더욱 풍성해지기를 원하는가? 나도 그렇
게 되기를 소망한다. 참으로 놀라운 자유가 당신 앞에 놓여 있다. 이
제 당신이 사랑할 준비가 되도록 하나님이 만져 주시길 바란다.

사랑하는 자들아 우리가 서로 사랑하자
사랑은 하나님께 속한 것이니
사랑하는 자마다 하나님께로 나서 하나님을 알고
사랑하지 아니하는 자는 하나님을 알지 못하나니
이는 하나님은 사랑이심이라 (요일 4:7~8)

1부

사랑의 교훈

Lessons about Love

1장 여러 모양의 사랑
하나님의 사랑과 세상적인 사랑의 차이점

'사랑'이란 단어가 너무 남용되고 있기 때문에, 세상적인 사랑과 하나님이 말씀하시는 사랑의 차이점에 대해서 명확히 설명하는 것이 도움이 될 것 같다.

세상적 사랑

세상적인 사랑은 내게 만족과 유익을 주는 것에 기준을 둔다. 사도 요한은 그의 서신서에서 이를 잘 설명하고 있다.

이 세상이나 세상에 있는 것들을 사랑치 말라 누구든지 세상을 사랑하면 아버지의 사랑이 그 속에 있지 아니하니 이는 세상에 있는 모든 것이 육신의 정욕과 안목의 정욕과 이생의 자랑이니 다 아버지께로 좇아 온 것이 아니요 세상으로 좇아 온 것이라(요일 2:15~16).

사도 요한이 말하는 세상이란, 예수께 속하지 않은 사람들을 의미한다. 예수께서는 그의 제자들에게 성령의 은사에 대해서 언급하실 때, 하나님이 주시는 것과 세상이 주는 것을 구분하여 말씀하셨다.

요한복음 14장 16~17절에 의하면 세상은 성령을 능히 받을 수 없기 때문에, 세상의 사랑이 하나님의 사랑과 같을 수 없다고 말씀하신 예수께서는 세상의 사고 방식과 하나님 자녀들의 사고 방식의 차이점을 설명하셨다. "세상이 너희를 미워하면 너희보다 먼저 나를 미워하는 줄을 알라"(요 15:18). 세상은 자기 자신을 사랑하지만 예수님과 그의 자녀들은 미워한다는 사실을 알 수 있다.

세상적인 사랑이 어떤 것인지는 사도 요한의 첫 번째 서신서에 가장 잘 설명되어 있다. 그는 세상의 사랑을 '육신의 정욕과 안목의 정욕과 이생의 자랑'으로 요약해 놓았다(요일 2:16).

세상은 유용성에 따라 사물과 사람의 가치를 매긴다. 세상에서 말하는 '사랑한다'의 의미는 사랑하는 대상이 자신의 원하는 바를 제공해 준다는 뜻임을 여러분도 이미 알고 있을 것이다. 예를 들어, 세상에 있는 어떤 사람이 "나는 내 차를 사랑해"라고 말할 때, 그 사람은 차를 통해 얻게 될 유익을 염두에 두고 있거나, 혹은 차를 통해 자신의 이미지가 한층 돋보이게 될 것을 기대하고, 또는 승용차로 아무 문제 없이 쌩쌩 달리게 될 모습을 머릿속에 계산하고 있는 것이다. 만약 세상 사람이 모두 나처럼 고물 승용차를 몰고 다닌다면, 그들은 자신의 차를 보며 그다지 애정 어린 태도를 보이지는 않을 것이다. 하지만 사실은 바로 이러한 때가 하나님을 신뢰할 수 있는 기회가 된다!

세상적으로, 한 남자가 그의 아내를 사랑한다고 할 때, 그 말은 아내가 언제나 남편이 원하는 일을 하고, 또 그가 무언가를 원할 때마다 그것을 해 준다는 의미일 것이다. 아내가 남편을 행복하게 하고 편안하게 해 주는 한, 아내는 남편에게서 '사랑한다'는 표현을 받을 만한 가치가 있는 존재인 것이다.

동전의 양면처럼, 어떤 이는 반대로 자신의 생활을 편안하게 해 주지 못하는 대상을 향해 '증오'라는 단어를 사용하게 된다. 아내는 남편이나 자녀들이, 자신이 원할 때에 자신의 방식대로 행동하지 않는다는 이유만으로 그들을 증오하기도 한다. 보통 이러한 증오심은 오랜 기간을 걸쳐 생성되는데, 그 기본 개념은 명확하다. 즉, 세상적인 사랑이란 모두 자신에게 유익을 주는 것에 집중되어 있다.

하나님의 사랑

이와는 아주 반대로, 하나님의 사랑은 주는 것과 섬기는 것에 초점을 맞추고 있다. 하나님은 우리 부부에게 다운증후군을 가지고 태어난 딸, 아만다를 통해서 이러한 사랑의 교훈을 가르쳐 주셨다. 아만다가 갓 태어났을 때 아이의 상태를 보고 우리는 너무도 충격을 받았다. 그 사건은 여러모로 우리의 삶을 급격히 바꾸어 놓았다. 가장 처음 깨닫게 된 것은 우리가 지금껏 세상적인 사랑으로 아이들을 대하고 있었다는 점이었다. 우리는 아이를 위한 특별 기도 제목을 기도 수첩에 적어 놓았지만, 막상 태어난 아이는 우리가 그토록 바랬던 기도의 응답이 아니었던 것이다!

아만다가 태어나면서, 우리의 기도 뒤에 감추어져 있던 이기적인 동기들을 십자가 위에 적나라하게 못 박게 되었다. 아이의 존재가 우리에게 아무런 효용성도 이기적 이득도 없음을 알게 되면서 우리는 실망과 무기력감으로 인해, 심하게 마음이 동요되었다. 우리는 아이를 통해서 뭔가 좋은 것을 얻기를 기대했다. 우리 자신에게 영광을 돌릴 수 있고, 또 우리에게 아무런 방해거리가 되지 않는 그런 작고 귀여운 여자 아이를 바랐던 것이다. 또한 우리는 이 아이가 다른 사람들에게 뭔가 이득을 줄 만한 '사랑받는' 사람이 되기를 원했다.

지금은 그 사실을 인정하기가 참으로 부끄럽지만, 우리는 아만다가 태어나기 전에 그 아이가 가진 재능을 통해 우리 생활에 이득이 되고 보탬이 될 것에 큰 가치를 두며 아이의 탄생을 기대하고 있었다. 하나님은 우리 부부를 참으로 사랑하시기에, 하나님의 사랑을 오해하고 있었던 우리의 무지를 깨우치시려고 그러한 일을 행하셨음을 지금에서야 이해하게 되었고, 그 일로 인해 하나님께 감사하게 되었다. 그 사건은 하나님의 사랑에 대한 새로운 감사와 이해의 장을 열어 주었다. 하나님과의 관계에 있어서 나 역시 아만다와 비슷한 상황에 있는 존재임을 나에게 계시해 주시며 내가 쓸모없는 존재가 아니라 단지 사랑이 필요한 존재임을 말씀하셨을 때, 나는 하나님의 사랑을 바르게 이해하고 감사하게 되었다.

하나님이 보시는 우리의 가치

우리는 죄인으로서 다만 예수 그리스도 안에 있는 아버지의 사랑만을 의지할 뿐, 사실 그 앞에서 아무런 가치가 없는 존재이다. 로마서 3장 10~12절의 구절은 인간에 대한 새로운 의미를 보여 주고 있다. "기록한 바 의인은 없나니 하나도 없으며 깨닫는 자도 없고 하나님을 찾는 자도 없고 다 치우쳐 한 가지로 무익하게 되고 선을 행하는 자는 없나니 하나도 없도다". 이것이 바로 우리 자신, 인간의 모습이다. 우리는 육적인 지진아보다도 더욱 처절하게 뒤틀린 영적 다운증후군의 모습을 가진 자들이다!

하나님 아버지께서는 우리의 죄된 모습에도 불구하고 자신의 순전한 사랑을 베풀어 주시는 분이시다. 예수께서 우리를 향해 "사랑한다"라고 하시는 의미는, 내가 그의 마음속 깊은 곳에서 하나님의 사랑을 이끌어 내기 때문에 가치 있는 존재라는 뜻이다. 나는 이와 같은 방법으로 아만다를 사랑하는 법을 깨닫기 시작했고, 또한 세상적인 사랑과 하나님의 사랑의 차이점을 분명하게 이해하게 되었다. 세상의 관점으로 보면, 우리 부부가 아만다를 사랑해야 할 이유는 하나도 없었다. 하지만 하나님의 은혜로 복음의 말씀 안에서 깨닫게 된 사실은 분명 사랑에는 다른 의미가 있다는 것이었다. 우리 자신이 사랑하기에 너무나 힘겨운 사람들이야말로 우리를 하나님 아버지께로 인도해 주는 소중한 존재라는 사실을 생각해 본 적이 있는가? 아만다와 다른 모든 사람들이 가치 있는 존재인 이유는 하나님이 부어 주시는 진정한 사랑을 끌어내어 하나님께만 모든 영광을 돌리도록 하기 때문이다.

하나님께서 우리와 하나님과의 관계가 어떠한지를 보여 주기 위해 사람과 상황을 사용하신다는 사실을 깨닫게 되면, 우리는 하나님께서 주시는 큰 자유함을 맛보게 된다. 하나님은 우리를 연단하시고, 우리가 하나님의 자녀임을 확증하기 위하여 이러한 사건을 허락하신다. 하나님의 사랑이 우리를 통해 드러나게 될 때, 우리 자신이 하나님의 사랑을 받는 존재임을 깨닫게 된다. 사람들과 상황을 통해 일어나는 모든 사건은 하나님의 섭리인 것이다. 하나님이 우리를 연단하시고 누가 하나님의 자녀인지 계시하시고, 하나님의 사랑이 가진 목적이 무엇인지 드러내기 위해 허락하시는 것이다. 따라서 우리는 우리의 삶 가운데 있는, 나의 연약한 딸 아만다와 같은 이들을 통해 죄의 권세와 사랑의 권세를 동시에 깨닫게 된다. 만일 우리 안에 오직 세상적인 사랑만을 가지고 있다면, 우리의 마음은 온통 죄의 권세와 이기적인 아집에 빠져 도저히 사랑할 능력이 없을 것이 분명하다. 하지만 예수께서 우리 안에 임재해 계신다면, 우리를 통해 흘러 넘치는 강력한 하나님의 사랑을 경험하게 될 것이다. 이 두 가지 경우 모두, 우리들 마음을 채우고 있는 것들이 무엇인지 알 수 있게 해 주는 하나님의 도구가 된다.

나의 좋은 친구이자 멘토인 제리 화이트가 했던 말을 결코 잊을 수가 없다. "모든 관계를 통해 사랑할 수 있는 기회를 얻고, 모든 상황을 통해 신뢰할 수 있는 기회를 얻습니다." 오스왈드 챔버스는 이렇게 썼다. "인간이 가진 내적인 기질, 즉 그의 인격 안에 갖추고 있는 것들이 그가 당하는 외적인 시험을 결정한다. 한 인간이 겪는 시험은 그 사람의 본성에 따라 결정되며, 또한 시험을 통해 그 사람의 본성이 어떠한지 드러나게 된다. 모든 사람은 자신만이 겪는 시험의 유형이 있으며, 시험은 그 사람이 가진 강한 기질에 맞춰 찾아오게 된다."[1] 하나님은 우리 안에 있는 세상적인 사랑의 기질이 무엇인지 드러내시고, 이에 우리가 회개하고 하나님의 사랑으로 채워져 그것이 흘러 넘치도록 하기 위해 필요한 작업이 무엇인지 잘 알고 계신다.

아래에 있는 차트는 두 가지 종류의 사랑이 어떠한 대조를 이루고 있는지 보여 준다. 우리가 오로지 세상적인 사랑만 아는 사람들이라면, 생활 속에서 '쓸 만하고 호감가는 친구들'하고만 즐기게 될 것이다. 보기에 쓸 만한 사물과 사람들을 자기 마음대로 조종하기 위해 용의주도하게 움직이는 자신의 모습을 발견하는 것이다. 또한 자기 안에 있는 분노와 질투심으로 인해 괴로워하며 쉽게 감정이 상하게 될 것이다.

하지만 우리가 그리스도의 사랑을 아는 사람들이라면, 그리스도의 온전한 형상을 따라 살아갈 때, 우리 안에서 그리스도의 베푸는 사랑이 흘러 넘쳐나게 될 것이다. 이러한 사랑은 우리를 하나로 엮어 주는 토대가 된다. 다른 사람의 유익을 구하고 남을 위해 자신을 양보하게 될 때, 우리는 아무런 질투나 모욕감 없이 다른 사람들을 섬길 수 있게 된다. 진정한 사랑은 예수 그리스도와의 생명력 넘치는 연합으로부터 흘러 나오기 때문에, 모든 영광은 하나님께로만 돌리게 된다.

사랑하는 자들아 우리가 서로 사랑하자 사랑은 하나님께 속한 것이니 사랑하는 자마다 하나님께로 나서 하나님을 알고 사랑하지 아니하는 자는 하나님을 알지 못하나니 이는 하나님은 사랑이심이라(요일 4:7~8).

▶ 세상적인 사랑 VS 하나님의 사랑 ◀

	세상이 말하는 사랑	하나님이 말씀하시는 사랑
근원	• 자기애	• 예수 그리스도 안에 있는 하나님
동기	• 자기의 유익을 위해	• 베풀기 위해
목적	• 사용하기 위해	• 사용되어지기 위해
대상	• 인간을 칭찬함 • 믿음을 요구하지 않음 • 사람의 유용성에 따라 본질적 가치가 결정됨 • 본질적으로 이기적임 • 통제하고 조종함 • 질투함 • 사랑에 실패함 • 증오로 고통스러워함 • 일시적인 가치에 기반을 둠 • 연합할 수 있는 힘이 없음 • 감정에 기반을 둠 • 쉽게 화를 내거나 감정을 상하게 됨 • 공허함으로 추진됨	• 하나님을 찬양함 • 믿음을 요구함 • 예수님의 사랑을 보여 줄 수 있는 기회를 제공하는가에 따라 가치가 결정됨 • 타인에게 관심을 둠 • 양보하고 섬김 • 질투하지 않음 • 사랑에 실패하지 않음 • 인내의 고통을 겪음 • 영원한 가치에 기반을 둠 • 완벽하게 하나 됨을 이룸 • 사실에 기반을 둠 • 화를 내거나 감정이 상할 수 없음 • 충만함으로 추진됨

아마 이것은 참으로 낯선 개념일 것이다. 아무런 쓸모도 없고 능력도 없으며 또는 심각하게 고집불통인 사람을 만날수록, 당신이 하나님의 사랑을 경험할 수 있는 가능성은 더욱 커진다는 사실이다. 사랑해야 한다는 사실은 알지만, 사랑하기가 너무 힘겨웠던 경험이 있는가? 어쩌면 우리 자신도 모르게 세상적인 사랑의 철학이 우리들의 머릿속에 자리 잡았던 것일까? 만약 이러한 사실을 깨달았다면, 당신은 이제 강력한 하나님의 사랑을 경험하는 첫 관문에 들어서게 된 것이다. 하나님께서 나에게 이런 사실들을 계시해 주셨을 때, 나는 세상적인 사랑의 개념으로 파괴시켜 망쳐 놓았던 이전의 관계들을 보여 주시길 간구했고, 이를 통해 철저한 회개에 이르고 하나님의 영광을 위해 하나님의 사랑을 보여 줄 수 있도록 기도했다. 이후 나는 그 어느 때보다도 풍성한 자유를 누리게 되었고, 내 마음과 생각이 관계에 대해 새로운 관점을 가지게 되었을 때 내 안에 사랑의 능력이 더욱 성장한 것을 보게 되었다.

다른 많은 사람들도 동일한 간증을 했다. 어느 한 여자분은 남편을 향한 자신의 사랑이 세상적이었음을 깨닫게 되었을 때 그들의 결혼 생활이 개선될 수 있었다고 고백했다. '뛰어나거나 부모의 마음에 드는' 행동을 하지 않는 자녀들 때문에 속이 상했던 어머니들은, 그들의 관계가 새롭게 되고 치유를 받았음을 나누며 자신의 기쁨을 표현했다. 많은 남편들이 세상의 사랑과 하나님의 사랑의 차이점을 깨달으면서 새로운 관점에서 아내를 사랑하게 되고 새로운 비전을 얻게 되었다.

현재 여러분이 몸부림치며 애쓰고 있는 힘겨운 관계가 있는가? 혹시 당신이 마땅히 받아야 할 권리가 있다고 느끼는 것을 얻어 내지 못해서 낙담하고 있는가? 그 사람들이 당신을 불편하게 만드는가? 그들이 당신이 원하는 때에 당신이 원하는 방법으로 일을 처리해야만, 그들을 더욱 사랑할 수 있는가?

사랑에 대해 살펴보았던 이 첫 번째 개념을 가지고, 하나님께서 당신의 마음을 조명해 주시길 바라며 기도하는 시간을 가지기 바란다. 하나님께서는 당신이 단지 유용하게 써먹기 위해 맺어 왔던 수많은 관계들을 기억나게 해 주실 것이다. 그렇다고 해서 자신의 적나라한 모습을 보면서 당황하거나 낙담할 필요는 없다. 오히려 하나님이 놀라운 방법으로 역사하시는 것과 그의 기적이 일어나는 것을 보며 힘을 얻어야 한다! 당신의 죄된 모습과 메마른 사랑 때문에 예수께서는 우리를 향하여 하나님 아버지의 사랑을 보여 주시기로 작정하신 것이다.

> 우리가 아직 죄인 되었을 때에 그리스도께서 우리를 위하여 죽으심으로 하나님께서 우리에게 대한 자기의 사랑을 확증하셨느니라(롬 5:8).

그동안 세상적인 사랑을 추구함으로써 상처를 준 사람들과의 관계를 하나님 앞에 고백하라. 그럼으로써 하나님이 주시는 사랑과 용서를 받아 누리게 되길 바란다. 당신은 지금 사람들과 사랑의 관계를 유지할 수 있는 하나님의 방법을 이해할 때에만 얻을 수 있는 유익을 실제로 경험하고 있는 것이다. 예수님의 사랑이 무엇인지 더 깊이 살펴볼 때에, 더욱 풍성한 계시로 보여 주시기를 하나님께 간구하라.

2장 우상 숭배 없는 온전한 관계

사랑의 원칙: 우상화한 사람은 사랑할 수 없다

"온 율법은 네 이웃 사랑하기를 네 몸같이 하라 하신 한 말씀에 이루었나니"(갈 5:14).

관계에 작용하는 우상 숭배

성경에 따르면, 모든 죄의 근원에는 우상 숭배의 영이 있다. 하나님이 주신 십계명의 첫 조항은 우상 숭배의 죄악을 언급하고 있다. 사무엘 선지자는 사울 왕에게 불순종과 반항은 우상 숭배와 같은 것임을 일러 주었다(삼상 15:23). 사도 바울은 골로새 교인들에게 모든 부도덕과, 부정, 정욕, 사욕, 욕심은 우상 숭배와 다름없으므로 이에 대해서 스스로를 죽은 자로 여기라고 했다(골 3:5). 우상 숭배란 그리스도를 반대하는 모든 것을 뜻하는 것이라고 말할 수 있다.

어느 누구든 하나님보다 어떠한 사물이나 사람을 우선시하고 모든 만물의 근원으로 여긴다면, 그는 우상 숭배의 죄를 범한 것이다. 다소 이상하게 들릴지는 모르지만, 이것은 사실이다. 여기 우상 숭배에 대한 아주 좋은 정의가 있다. '하나님만이 채우실 수 있는 것을 사람이나 사물, 생각을 통해 채움받고자 기대하는 것'. 예를 들어, 한 남편이 그의 아내가 자신을 행복하게 해 줄 수 있을 것이라고 기대한다면, 그는 아내를 우상화하고 있는 것이다. 또한, 어느 한 자녀가 부모를 기쁘게 할 수 있는 능력이 자기에게 있다고 생각한다면, 그도 자신을 우상화시키고 있는 것이다. 자녀를 통해 자신이 돋보이게 될 것이라 기대하는 어머니는 자녀를 우상화시킬 수 있다. 이러한 모습은 모든 필요를 채우시는 하나님만을 '기대하는' 것과 완전히 상반되는 것이다. 모든 것을 채우시는 하나님을 기대하는 것이 하나님을 경배하는 것임을 깨닫는 것이 매우 중요하다.

골로새서 3장에 언급된 죄들이 우상 숭배의 본질을 이루고 있다는 사실은 누구나 알지만, 우상 숭배의 영이 광명과 친절로 가장하며 더욱 악한 모습을 띠고 있다는 사실을 깨닫는 것은 어렵다. 사탄이 자신을 천사와 빛의 사자로 가장하는 경우가 많듯이, 사탄적인 우상숭배의 영도 세상적인 사랑의 가면을 쓰고 있다. 그래서 세상적인 사랑과 하나님의 사랑의 차이점을 구분하지 못하는 사람이 많다. 실상 사람들을 자신의 이기적인 욕심에 따라 이용하고 있음에도 불구하고, 그들을 진정으로 사랑하고 있다는 착각에 속고 있는 것이다.

그러므로 우상 숭배의 영을 구분하는 법을 배우는 것은 무척이나 중요하다. 우상 숭배의 영은 인간 본질의 첫 시작부터 인간의 관계 속에 작용하고 있다. 아담과 이브를 속였던 사탄의 유혹의 핵심은 우상 숭배와 방종이었다. 사탄은 아담과 이브가 하나님의 말씀과 뜻을 무시해 버리고 사탄의 말을 들으며 인간의 의지를 중심에 두도록 유혹했다. 사탄은 이같은 미끼를 사용해서, 인류의 조상들이 모든 힘과 지혜와 행복의 근원으로 하나님만을 바라보지 못하도록 유혹한 것이다. 그때 이후로부터 사탄의 씨앗이 아담과 이브에게 뿌려져 악한 열매를 맺게 되었고, 그 결과 우상 숭배는 하나님과 직접 이루어지는 모든 관계를 차단시켜 버렸다.

통상적으로 '우상 숭배'라는 단어를 들으면, 선사 시대 사람이 큰 돌 덩어리에 조각을 새기는 모습을 연상하게 된다. 많은 사람들이 우상 숭배를 그저 구약 시대에만 존재했던 죄 정도로만 여길 뿐 현대인에게는 전혀 해당 사항이 없는 것으로 생각한다. 정말로 현대인은 이 죄를 초월한 것일까, 아니면 그저 착각에 빠져 있는 것일까?

나는 갈라디아서 5장 14절을 묵상하면서, 율법 전체를 완성시키는 한 단어가 있다는 사실에 충격을 받았다. 그것은 바로 사랑이다. "온 율법은 네 이웃 사랑하기를 네 몸같이 하라 하신 한 말씀에 이루었나니". 이에 나는 즉시 십계명의 각 조항이 어떻게 사랑과 연결되는지 찾아보았다. 십계명의 첫 번째 조항을 보면서 알게 된 것은, 사랑을 준비하기 위해 먼저 우상 숭배의 영이 가진 특징을 깨닫는 것이 중요하다는 사실이었다.

관계에 있어서 우상숭배가 제거되고 인간이 모든 만물의 근원이신 하나님을 인정할 때에만 사랑이 성립될 수 있다. 우리가 사람을 우리 자신의 행복과 안락함을 제공하는 근원으로 여기게 되는 순간, 우리는 그를 하나님의 자리에 올려놓는 것이 된다. 이러한 관점에서 보면, 그 사람을 하나님의 사랑으로 사랑한다는 것은 불가능한 이야기가 되는 것이다.

여러분이 가지고 있는 신학적 기초는 사랑 안에서 성장하는 데 있어서 중요한 밑거름이 된다. 당신이 하나님에 대해 믿고 있는 바가, 당신의 인생에서 스치고 지나는 사람들과 상황을 대하는 관점과 태도를 좌우하기 때문이다. 만일 하나님에 대해 잘못된 지식을 가지고 있다면 인생에서 만나는 사람들과 상황을 바라보는 당신의 관점은 왜곡될 수밖에 없다. 예를 들어, 당신이 하나님은 선하신 분이시라고 생각하되, 선하다는 말이 나를 행복하고 편안하게 해 주는 의미라고 생각하고 있다면, 문제를 일으키는 사람들과 비극적인 사건은 무조건 나쁜 것으로 받아들이게 된다. 그리고 결과적으로 그런 일들에 대해 부정적인 반응을 할 수밖에 없다.

지금까지 오랜 세월을 살아오면서 나는 다른 사람들과의 관계뿐 아니라 하나님과의 관계에 있어서도 힘겨운 싸움을 해 왔다. 하나님을 인간중심적인 관점으로 생각하다 보니 그것이 인생에 대한 나의 사고의 틀을 형성시켰기 때문이다. 나는 인간의 형상을 닮은 하나님의 모습을 생각하고 있었고, 하나님도 인간과 같은 생각과 방법으로 일하시며 21세기를 살아가는 우리들과 똑같은 가치 체계를 가지고 계신 것으로 착각하고 있었던 것이다.

나는 하나님의 선하심에 대해 잘못된 개념을 가지고 있었다. 선하심이란 나를 언제나 행복하고 편안하게 만들어 주는 것이라고 생각했던 것이다. 좋은 일이 생기면 하나님도 좋은 분으로 느껴졌다. 하지만 여기에는 하나님의 선하심에 대한 개념에 심각한 문제점들이 있다. 만일 비극적인 일이 일어난다면 하나님은 과연 어떤 분이란 말인가? 악한 사람들의 사악한 죄악이 난무하는 상황에서 우리는 하나님을 어떠한 분으로 생각해야 하는가? 이 부분에 대해서는 나중에 좀 더 깊이 있게 다루게 되겠지만, 지금은 하나님에 대한 우리의 기본적인 믿음에 대해서 잠시 살펴보도록 하겠다.

기본적인 믿음

당신이 가진 신학의 기초는 사랑을 준비하는 데 있어 매우 중요하다. 다음의 질문들을 보면서 어떤 대답을 할 수 있겠는가? 당신은 도대체 신은 몇이나 존재한다고 생각하는가? 하나님은 누구인가? 하나님이 된다는 것은 어떤 의미인가? 당신이 하나님의 창조물이라는 사실이 중요한 이유는 무엇인가?

당신은 하나님이 한 분이라는 사실을 확신하며 이러한 질문에 답을 했을 것이다. 교회에 다니는 대부분의 사람들에게 다음의 성경구절은 무척 익숙한 말씀이다. "이스라엘아 들으라 우리 하나님 여호와는 오직 하나인 여호와시니!"(신 6:4). "나는 너희 하나님 여호와로라……나 외에는 위하는 신들을 네게 있게 말지니라"(신 5:6~7). "나는 하나님이라 나 외에 다른 이가 없느니라"(사 46:9).

하나님이 누구신지에 대해 여러분이 질문을 받는다면, 예수 그리스도는 육체로 오신 하나님이셨고, 지금 보좌에 앉아 계신 분이시라고 대답할 것이다. 대부분의 사람들은 예수 그리스도께서 하나님이신 것을 믿고 있고, 거기에 유명한 성경구절까지도 인용할 수 있다. "태초에 말씀이 계시니라 이 말씀이 하나님과 함께 계셨으니 이 말씀은 곧 하나님이시니라…… 말씀이 육신이 되어 우리 가운데 거하시매 우리가 그 영광을 보니 아버지의 독생자의 영광이요 은혜와 진리가 충만하더라"(요 1:1, 14). "나와 아버지는 하나이니라 하신대"(요 10:30). "이는 하나님의 영광의 광채시요 그 본체의 형상이시라 그의 능력의 말씀으로 만물을 붙드시며 죄를 정결케 하는 일을 하시고 높은 곳에 계신 위엄의 우편에 앉으셨느니라"(히 1:3).

또한 여러분은 전통적인 기독교 교리를 주장하면서, 모든 만물이 하나님으로부터 나오고, 모든 것이 그의 다스림과 통제 가운데 놓여 있는 것이야말로 하나님의 본질적인 주요 특성임을 강조할 수 있을 것이다. 고린도전서 8장 4~6절에서 그 내용을 볼 수 있다. "……우리가 우상은 세상에 아무것도 아니며 또한 하나님은 한 분밖에 없는 줄 아노라……그러나 우리에게는 한 하나님 곧 아버지가 계시니 만물이 그에게서 났고 우리도 그를 위하여 있고 또한 한 주 예수 그리스도께서 계시니 만물이 그로 말미암고 우리도 그로 말미암았느니라". 또한 골로새서 1장 16~17절에도 "만물이 그(예수님)에게서 창조되되 하늘과 땅에서 보이는 것들과 보이지 않는 것들과 혹은 왕권들이나 주권들이나 통치자들이나 권세들이나 만물이 다 그로 말미암고 그를 위하여 창조되었고 또한 그가 만물보다 먼저 계시고 만물이 그 안에 함께 섰느니라"라고 하셨다.

하나님의 목적은 하나님 자신을 영화롭게 하고, 또한 아들이신 예수 그리스도를 계시하심으로써 하나님 자신을 알리는 것이다. 그러므로 하나님의 창조물인 우리들은 온전히 하나님의 유익과 영광을 위하여 존재하는 자로서 겸손히 설 수 있다. 모든 창조물들은 그들의 육체적 삶과 영적인 삶을 공급받기 위해 온전히 하나님만을 의지한다. 하나님 외에는 그들의 필요를 공급해 줄 어떠한 근원도 없기 때문이다. 이 사실은 위에서 보았던 성경구절에 잘 나타나 있다. 또한 시편 104편 24절과 27~30절을 보면 우리가 모든 일에 있어서 하나님을 의지할 수밖에 없음을 주장하고 있다. "여호와여 주께서 하신 일이 어찌 그리 많은지요 이것들은 다 주께서 때를 따라 먹을 것을 주시기를 바라나이다 주께서 주신즉 그들이 받으며 주께서 손을 펴신즉 그들이 좋은 것으로 만족하다가 주께서 낯을 숨기신즉 그들이 떨고 주께서 그들의 호흡을 거두신즉 그들은 죽어 먼지로 돌아가나이다 주의 영을 보내어 그들을 창조하사 지면을 새롭게 하시나이다".

우리의 매일의 삶 속에서 적용할 수 있는 하나님에 대한 기본적인 믿음은 다음과 같다. 첫째, 하나님은 모든 사건의 근원이 되시며 피조물의 반응에 영향을 받지 않으시는 주권자이시다. 둘째, 하나님은 거룩하시고 선하시며, 빛이시고 사랑이시다. 셋째, 하나님은 그의 영광과 선하심을 위해, 그의 아들 예수그리스도를 계시하시기 위해, 그리고 그의 자녀들을 더욱 예수그리스도처럼 겸손히 순종하는 모습으로 만들어 가시기 위해 그의 목적에 합당한 모든 일을 행하신다. 넷째, 하나님은 그의 뜻을 이루시기 위해 필요한 모든 것을 자녀들에게 공급하신다. 다섯째, 하나님은 결코 그 어떤 것도 낭비하지 않으신다. 마지막으로 하나님은 완전한 지혜 안에서 모든 것을 행하신다.

우리의 생활 가운데서 이러한 기본적 믿음이 미치는 영향은 참으로 중요하기 때문에, 사탄이 기본적인 부분을 놓고 우리를 계속 시험할 수 있음을 알 수 있다. 자칭 신자라고 말하는 사람들이 단언하는 내용과 실제 그들의 삶 속에서 드러나는 실제의 믿음 사이에는 엄청난 차이가 있다. 전에 다녔던 교회 안에서 한동안 유행했던 문구 하나가 생각난다. 아주 단순한 내용이었다. "사람은 자신이 믿는 바를 행동으로 옮긴다. 그 외 다른 모든 것은 종교적인 잡담에 불과하다." 누가 만들어 낸 말인지는 모르겠지만 핵심을 찌르는 아주 중요한 말이다. 누군가를 사랑해야 할 상황이 되면, 사람들이 실제로 가지고 있는 교리적 기초와 동기가, 다른 사람들의 행동에 대해 반응하고 행동하는 모습에서 그대로 드러나게 된다. 나는 사람들이 누군가를 힘겹게 사랑하며 고통을 겪는 대부분의 경우가, 그들이 가지고 있는 우상 숭배의 영 때문인 것을 깨닫게 되었다. 비록 그들이 말로는 하나님을 믿는다고는 할지 모르나, 실상은 다른 누군가가 자신이 원하는 때에, 자신이 원하는 방법으로 필요를 채워 주기를 기대하고 있다. 그들은 사람들이나 상황들을 통해 자신의 손에 들어온 것들이 선한 목적을 위해 하나님이 보내 주신 것이라는 사실을 믿지 않는다. 결과적으로, 그들은 다른 사람을 이용하려고 시도하게 되거나, 혹은 다른 사람을 변화시키려 하거나, 또는 자신이 원하는 방법과 시기에 맞춰 필요한 것을 얻으려고 달려들 것이다. 이런 관계를 통해 남는 것이라곤 결국 좌절감과 쓴뿌리뿐이다. 이러한 사실을 통해 볼 때, 우상 숭배와 사랑은 서로 적대적인 관계이며 상호 배타적인 관계다.

시편 33편 13~15절에서 우리는 아주 충격적이면서도 머리를 숙이게 하는 말씀을 찾아보게 된다. "여호와께서 하늘에서 굽어보사 모든 인생을 살피심이여 곧 그가 거하시는 곳에서 세상의 모든 거민들을 굽어살피시는도다 그는 그들 모두의 마음을 지으시며 그들이 하는 일을 굽어살피시는 이로다". 우리는 마치 다른 사람들이 우리의 모든 여건과 행복에 궁극적인 영향을 끼치는 양 그들을 비판하고 불평하고자 하는 유혹을 느끼게 된다. 기억해야 할 것은 하나님께서 우리를 향한 은혜의 손길을 거두어 가시면 우리 안에 있는 사악함은 적나라하게 드러나게 되고, 우리와 관계하는 사람들은 이에 혐오감을 느끼게 될 것이다. 이것은 우리 자신이 비판했던 그 사람보다도 더 참혹해질 수 있다.

시편 33편의 성경구절은, 우리가 관계하는 모든 사람들의 마음도 하나님이 만드신 것임을 확인시켜 준다. 만일 하나님의 마음에 합하고 그분의 목적에 걸맞는 일이라면 언제라도 그들을 변화시키실 수 있음을 우리는 알고 있다. 비록 하나님의 목적이 무엇인지 모두 이해할 수는 없지만, 우리 주변의 사람들이 취하는 어떠한 태도와 행동에 대해서도, 하나님께 확신을 가지고 감사드릴 수 있다. 왜냐하면, 이 모든 일을 하나님이 다스리고 계시고 그분이 직접 일하고 계시기 때문이다. 또한 모든 것은 하나님의 위대하고 놀라운 목적에 맞춰 하나님의 아들을 통해 영광 돌리기 위해 진행되어진다. 만일 우리가 진정으로 예수 그리스도를 믿는 사람들이라면, 하나님께서는 우리 안에 계신 예수를 영화롭게 하시기 위해 역사하실 것이다.

1742년 미국 필라델피아의 침례회에서 공인한 기독교 기본 신앙서인 '필라델피아 신앙 고백서'를 보면 하나님의 창조 사역의 위임에 대해 이렇게 정의를 내리고 있다.

하나님은 이미 영원 전부터 앞으로 발생하는 모든 일들을 그의 뜻의 가장 지혜롭고 거룩한 계획에 따라 변하지 않도록 자유롭게 정해 놓으셨다. 그러나 발생하는 모든 일에 대하여 하나님은 어떠한 경우에라도 죄를 짓도록 만들지 않으시고, 또 죄와 전혀 연관되지 않으시며, 창조물의 자유 의지에 공격을 가하시지도 않는다. 또한 창조물의 자유나 행동의 부차적인 근원을 철회하시지도 않는다. 오히려 이를 세우시며…….[2]

하나님은 그의 백성들이 하나님의 아들 예수 그리스도를 닮아갈 수 있도록 하기 위해서는 어떠한 일(상황과 관계)도 행하신다. 사도 바울이 썼던 로마서 8장 28~29절을 보면 "우리가 알거니와 하나님을 사랑하는 자 곧 그 뜻대로 부르심을 입은 자들에게는 모든 것이 합력하여 선을 이루느니라 하나님이 미리 아신 자들로 또한 그 아들의 형상을 본받게 하기 위하여 미리 정하셨으니 이는 그로 많은 형제 중에서 맏아들이 되게 하려 하심이니라". 예수그리스도를 주(主)로 믿는 사람들은 하나님만이 자신의 삶의 모든 부분을 다스리고 계신다는 사실을 믿는다. 따라서, 더 이상 삶 속에서 자신의 필요를 채우기 위해 다른 사람을 의지하거나 우상화시킬 필요가 없다. 특별한 상황에서도 그들이 필요로 하는 것이 정확하게 공급되기 때문이다! 물론 그것이 자기가 바라던 바가 아닐 수는 있으나, 예수 그리스도의 형상을 닮아 가기 위해 꼭 필요한 부분이 정확하게 공급된다.

잠시 몇 가지 상황을 가정하면서 배운 것을 연습해 보자. 조니는 수학 시간에 배운 것을 잘 이해하지 못하고 있다. 조니의 어머니는 여러 가지 방법을 시도하면서 '아이를 이해시켜 보려고' 애써 봤지만 번번히 실패하고 말았다. 어머니는 어떻게 조니를 사랑할 수 있을까?

조니의 어머니가 성령의 인도하심을 받아 앞에서 배운 하나님에 대한 믿음의 기초를 이 상황에 적용시킨다면, 아마 이렇게 생각하게 될 것이다. "조니에게 수학 능력이 없는 것은 하나님이 특별히 우리 가족에게 허락하신 상황이야. 그리고 우리가 아이에게 그리스도의 사랑을 보여야 할 필요가 있다는 말이겠지. 조니가 부족한 부분이 많은 덕분에 우리도 그리스도 앞에 우리의 필요를 간구할 수 있는 거야. 하나님 아버지, 조니가 지금 아무것도 이해하지 못하는 것을 인해서 감사드립니다. 주 예수님, 나에게 당신의 인내와 사랑을 주셔서 이 상황에서도 주님께 영광 돌릴 수 있도록 해 주세요. 조니를 당신 앞에서 올바로 가르치고 격려하려고 하는데 어떠한 지혜를 저에게 주실 건가요?"

모든 관계와 상황 가운데에서도 이와 동일한 반응을 적용해 볼 수 있다. 내가 접하는 상황이 잔뜩 지쳐있는(또는 활기 있는) 아내가 되었든, 변덕스러운(또는 이해심 많은) 남편이 되었든, 반항하는(또는 순종하는) 십대 자녀이든, 구두쇠 같은(또는 관대한) 사장이 되었든, 그 어떤 것이든 모두 내가 그리스도의 형상을 닮아 가도록 하려는 하나님의 뜻에서부터 온 것이다. 일단 내 자신을 행복하고 편안하게 해줄 만한 힘을 사람에게서 기대하기 시작하는 그 순간부터, 우리를 비참하게 만들 수 있는 권세까지도 그에게 양도하게 되는 셈이 된다. 누군가가 우리를 비참하게 하고 좌절감을 주며 분노하게 만들 수 있는 한 가지 길은 우리의 필요한 모든 것을 그 사람이 제공할 수 있을 것이라 기대하는 것이다(이것이 바로 우상 숭배다). 그리고 결국 우리는 그 사람을 사랑할 수 없게 된다.

불신앙을 인식하기

불신앙으로 인해 얼마나 쉽게 우상 숭배의 올무에 빠져드는지! 히브리서 기자는 모든 만물을 예수 그리스도를 통해 다스리시는 하나님의 주권에 대한 불신앙을 죄라고 말하며, 이로 인해 우리가 쉽게 함정에 빠지게 됨을 지적하고 있다(히 1:3, 3:12, 8:1, 12:1). 우리 앞에 펼쳐진 경기 코스를 따라 달리려고 할 때면 꼭 이러한 함정에 빠지게 된다. 그러나 우리의 눈을 예수께로 고정 시킨다면 '연약한 자의 손을 강하게 하시고 넘어지는 무릎을 세워 일으키시는' 은혜를 맛볼 수 있다. 당신은 지혜와 사랑으로 당신의 인생을 다스리시는 하나님을 불신하는 함정에 빠진 적이 있는가? 작게는 일상의 사소한 일에서부터 크게는 당신이 만나는 사람들에 대해서나, 전 세계를 쥐고 흔드는 정부 정책에 대해서까지 말이다.

당신의 이기심과 정욕, 자만심을 가장 잘 드러내 줄 수 있는 상황과 사람들이 누구인지 정확히 아시는 분은 하나님이시다. 지금까지 만나 보았던 수많은 부부들은 자신들의 관계가 어떤 식으로 이루어졌는지를 서로 앞다퉈 나에게 털어놓았다. 하지만 문제를 일으킨 주범이 누군지에 대해서 서로의 의견이 일치되는 경우는 거의 없었다. 그들은 서로에 대한 불평불만을 한참 늘어놓은 후, 내가 누구 손을 들어 줄 것인지 예의 주시하며 나의 판결을 기다린다. 그러면 보통 나는, 그 두 사람이야말로 서로에게 가장 완벽히 들어맞는 한 쌍이고, 현재 그들의 삶을 통해 하나님이 원하시는 목적을 아주 확실하게 만족시키고 있다고 말해 주며, 그들을 놀래킨다. 아내가 가진 이기심이야말로 남편이 가진 이기심과 우상 숭배의 영이 미치는 영향력을 적나라하게 드러내 주고, 또 남편의 이기심으로 인해 아내의 생활에서도 동일한 사건이 일어나게 된 것이다. 하나님은 그 두 사람이야말로 서로에게 최상의 짝이라는 사실을 알고 계셨다! 비록 우리들은 그런 식으로 생각하는 것이 어색하지만, 그들은 서로에게 반드시 필요하고 가치가 있는 사람들이다. 두 사람이 자신들의 우상 숭배를 인식하고, 상대를 조종하려는 동기를 찾아내며, 또한 두 사람의 이전 관계를 십자가에 못 박게 되면, 하나님은 그들의 관계를 새롭게 해 주신다. 그들이 모든 것을 지혜로 공급하시는 하나님만을 바라보게 되고 또 그분께 감사를 드릴 수 있게 될 때, 두 사람 사이에는 싱그러운 사랑의 물결이 새롭게 흐르게 된다.

부모 자식 간의 관계도 마찬가지다. 우리 부부가 자식들에 대한 우상 숭배의 죄를 고백하던 날이 얼마나 은혜로웠는지 모른다. 자녀들은 부모가 행하는 징계와 꾸짖음이 부모를 즐겁게 하도록 만들기 위한 조각 기술에 불과하다는 사실을 이미 알고 있다. 징계는 자녀들을 부모가 원하는 대로 만들기 위해서가 아니라 하나님의 말씀에 순종하도록 하기 위해 사용되어야 한다. 부모들이 징계를 통해 자녀들을 훈계해야 하는 이유는 자녀들을 순종하도록 굴복시키거나 고집스러운 의지를 꺾기 위해서가 아니라, 오직 하나님의 명령이기 때문에 행하는 것이다. 우리는 하나님께서 자녀의 마음을 변화시키리라는 사실을 신뢰해야 한다. 하나님이 우리에게 고집스러운 아이를 허락하신 것은 우리가 하나님의 말씀에 순종하고 하나님을 신뢰하는가를 살피시기 위함일 수도 있다. 우리는 자녀를 사랑하며 하나님의 말씀에 순종할 것인가? 아니면 굳이 우리 방식대로 하려고 우길 것인가?

우리는 우리 자신의 자만심과 자존심을 세우기 위해 자녀들을 억압하지 않을 때, 부모와 자녀 사이에 가로막혔던 벽이 무너지는 것을 직접 체험하게 되었다. 경직된 관계 대신 부드럽고 온화한 관계가 시작되었다. 생전 처음으로 자녀들은 부모가 자신들을 하나님으로부터 받은 귀한 선물로 받아들이기 시작했다는 것을 느낄 수 있었다. 겉치레가 아닌 진심으로 말이다. 대부분의 자녀들은 부모를 용서하는 데 있어 시간을 끌지 않는다!

자신이 가지고 있는 우상 숭배의 죄를 고백하고 자녀들을 하나님이 보내 주신 완벽한 선물로 받아들이라. 그리고 그 자녀가 그리스도의 형상을 닮아가도록 이끌어 주라. 말라기 4장 6절의 말씀에서 약속하셨듯이, 하나님은 부모의 마음이 자녀들을 향해 사랑으로 돌아오게 하시면서, 또한 자녀들의 마음도 부모에게로 돌아오도록 하신다.

"그가 아비의 마음을 자녀에게로 돌이키게 하고 자녀들의 마음을 그들의 아비에게로 돌이키게 하리라 돌이키지 아니하면 두렵건대 내가 와서 저주로 그 땅을 칠까 하노라 하시니라".

누군가를 우상으로 만들고 있지 않은가

당신이 우상화한 사람은 결코 사랑할 수 없다. 이러한 원리를 깨닫고 관계에 적용한다면 사랑에 대한 엄청난 자유를 누리게 될 것이다. 왜 그토록 많은 관계들이 고통을 겪는지 그 이유에 대해서 여러분들도 깨닫게 되기를 바란다. 그렇다면 이러한 사실을 신중히 처리하기 위해서 어떻게 해야할까? 나는 이 일에 반드시 성령의 충만함과 인도하심이 필요하다는 것을 깨닫게 되었다. 우리가 성령의 도움 없이 사랑할 수 있는 존재였다면, 예수께 영광을 돌리지 않음은 물론이거니와 얼마나 교만했겠는가. 하나님은 성령을 통하여 우리 마음의 동기를 깨닫게 하시고, 우리에게 하나님 사랑과 세상적인 사랑을 구별할 수 있게 하시며, 우리의 말과 행동에 영향을 미치는 교활한 우상 숭배의 영의 실상을 깨닫게 하신 후 하나님의 완전한 사랑을 경험하게 하신다.

　이번 장을 읽어 나가는 동안, 하나님께서 당신의 마음속에 있는 진정한 동기를 깨닫게 해 주셨는가? 하나님은 우리 안에 있는 우상 숭배의 죄악을 예수 그리스도의 고난과 죽음을 통해 은혜로 용서하셨다. 그리스도의 죽으심으로 인해 당신도 죄 사함을 얻을 수 있는 것이다. 또한 그리스도의 부활을 통해서 날마다 하나님과 깊은 교제를 누릴 수 있다. 그뿐 아니라, 하나님은 구하는 자에게 성령을 부어 주시겠다고 약속하셨다. 만일 하나님이 자신을 당신에게 계시하시고, 당신 안에도 하나님을 향한 갈망이 있다면, 하나님은 바로 당신을 부르고 계신 것이다! 하나님은 이 책을 통하여, 당신을 하나님과의 더욱 깊은 관계로 이끌고 계신 것이다. 하나님과의 관계에 있어서 당신의 양심을 찌르고 영혼을 깨우치는 진리의 말씀과 그러한 것에 대한 찔림이 있다면, 그 마음을 하나님 앞에 다 토해 놓기 바란다. 이 책의 어느 부분에서든 주님께서는 여러분에게 이렇게 손짓하고 계신다. "수고하고 무거운 짐진 자들아 다 내게로 오라 내가 너희를 쉬게 하리라 나는 마음이 온유하고 겸손하니 나의 멍에를 메고 내게 배우라 그러면 너희 마음이 쉼을 얻으리니 이는 내 멍에는 쉽고 내 짐은 가벼움이라 하시니라"(마 11:28~30). 언제든 주께서 당신을 부르신다면, 그분 앞으로 나아가라! 예수님과 깊은 관계를 구축하는 것은 당신이 사랑할 준비를 하기 위한 가장 기초적인 단계다.

예수께서는 살아 계신 분이시기에, 그의 자녀들이 완전한 하나님의 사랑으로 사랑할 수 있도록 성령을 부어 주신다. 성령께서는 이 모든 것이 하나님으로부터 온 것임을 아신다. 성령은 우리에게 주어진 관계와 상황 이면에 내재된 하나님의 목적이 무엇인지 밝히 드러내 주신다. 우상 숭배와는 완전한 대조를 이루시는 예수께서, 완전한 사랑을 할 수 있도록 우리를 준비시켜 주신다. 또한 예수님은 이렇게 말씀하신다. "네가 우상으로 만들어 놓은 사람은 결코 사랑할 수 없단다."

지금까지 사랑의 관계에 대해 살펴보았던 두가지 교훈, 곧 하나님의 사랑과 세상의 사랑이 어떻게 다른지 그 차이와 우상화한 사람은 결코 사랑할 수 없다는 사랑의 원칙을 잘 이해한다면, 하나님에 대한 사랑 안에서 더욱 성장할 수 있을 것이다. 어려움을 주는 사물과 사람들을 대할 때에, 하나님이 나를 향해 부어 주시는 사랑의 표현으로 받아들일 수 있도록 계속적으로 은혜를 간구하라. 왜냐하면 하나님은 그들을 통해 내가 우상 숭배의 영을 거절하고, 사랑의 능력을 바라며, 하나님께로 돌아설 수 있는 기회로 삼으시기 위해 내 삶 가운데 그러한 관계를 허락하신 것이다. 우리를 향한 하나님의 사랑을 단지 인생의 힘겨운 문제로만 받아들이며 의심한다면 오히려 사랑의 능력을 주시는 하나님의 은혜로부터 멀어지게 되고, 하나님을 영화롭게 할 수 있는 힘조차 잃게 된다. 주어진 상황에 불평불만 하거나 우리와 관계된 사람들의 약점 때문에 하나님께 감사하기를 꺼린다면, 우리의 상황이 얼마나 불편하고 힘겨운가와 상관없이, 예수의 주되심에 대한 우리의 불신앙을 표현하는 것밖에 되지 않는다. 뿐만 아니라 그것은 곧 주권자 되신 하나님의 말씀에 대적하는 자가 되는 것이다. 우리의 관계 안에 있는 우상 숭배의 영을 제거하게 된다면, 우상 숭배의 영이 가진 심각한 파괴성과 속임수를 더 깊이 이해하는 데 큰 도움이 될 것이다. 우상 숭배의 영은 어떠한 특징이 있을까? 성경은 성령의 역사로 기록된 책이다. 십계명의 내용을 통해 우상 숭배의 악한 특징이 무엇인지 분별해 낼 수 있다.

제 2부에서는, 신명기의 성경구절들을 통해 우리가 맺은 하나님과 사람들과의 관계에서 나타나는 우상숭배의 영의 7가지 특성에 대해 알아보기로 하자.

뱀이 여자에게 이르되 너희가 결코 죽지 아니하리라
너희가 그것을 먹는 날에는 너희 눈이 밝아
하나님과 같이 되어 선악을 알 줄을 하나님이 아심이니라(창 3:4~5)

2부

우상 숭배의 7가지 특성
The Seven Characteristics
of Idolatry

3장 하나님은 유일하신 분이 아니다

첫 번째 특성: 우상 숭배의 영은 유일하신 하나님이란 없으며, 우리의 필요를 공급하는 근원도 다양하다고 말한다

나는 너를 애굽 땅에서 종 되었던 집에서 인도하여 낸 너희 하나님 여호와로라 나 외에는 위하는 신들을 네게 있게 말지니라(신 5: 6, 7).

거짓말

하나님은 오직 한 분이시고, 그분만이 모든 것을 공급하시는 근원이 되신다. 사탄이 할 수 있는 최고의 거짓말은 '하나님 외에 또 다른 공급원이 있다'는 것이다. 사탄은 이로써 사람이 하나님과 그의 진리를 저버리게 하려는 시도를 끊임없이 한다. 거짓의 아비는 태초부터 항상 이와 동일한 수법을 사용해 왔다. 에덴 동산에는 생명과 죽음을 상징하는 두 그루의 나무가 있었다. 생명의 나무는 예수 그리스도를 예표하고 영원한 생명과실을 맺는다.

여호와 하나님이 가라사대 보라 이 사람이 선악을 아는 일에 우리 중 하나같이 되었으니 그가 그 손을 들어 생명나무 실과도 따 먹고 영생할까 하노라 하시고(창 3:22).

두 번째 나무는 선과 악을 알게 하는 나무로서 죽음의 열매를 맺었다. 하나님은 아담에게 경고의 말씀을 주셨다. "선악을 알게 하는 나무의 실과는 먹지 말라 네가 먹는 날에는 정녕 죽으리라"(창 2:17). 하나님은 아담이 그 열매를 먹게 될 경우, 그를 죽이시겠다고 말한 것이 아니라, 그 열매를 먹는 행위가 그를 죽이게 될 것을 말씀하신 것이다. 왜 그런가? 한 가지 분명한 이유는 선악의 열매가 아담을 생명의 나무로부터 멀어지도록 만들기 때문이었다.

하나님 외에 다른 것을 바란다는 것이, 겉으로 보기엔 좋아 보여도 결국 죽음으로 치닫게 한다는 사실을 잘 아는 이가 루시퍼 외에 또 누가 있었겠는가? 사탄은 죽음의 열매를 성공적으로 팔아넘겼고, 오늘날도 이와 똑같은 수법으로 활동하고 있다.

뱀이 여자에게 이르되 너희가 결코 죽지 아니하리라 너희가 그것을 먹는 날에는 너희 눈이 밝아 하나님과 같이 되어 선악을 알 줄을 하나님이 아심이니라(창 3:4~5).

우상 숭배의 영은 유혹의 영이다. 그 영은 거짓을 받아들이도록 조장한다. 하나님이 아닌 것으로부터 만족을 얻고 행복할 수 있다고 장담한다(겉으로 보기에 그럴 듯 해 보이고 느낌은 좋지만). 데살로니가후서 2장 8~12절을 보면 하나님은 유혹의 영을 보내셔서 그분의 백성들을 구별해 낼 수 있도록 하신다.

우상 숭배의 영은 모든 만물이 한 분이신 하나님으로부터 온다는 사실을 인정하는 대신, 공급의 근원은 다양하다고 말한다.

우리에게는 자신의 이기적인 동기를 밝혀낼 능력이 없기 때문에 문제가 더욱 심각해지기 마련이다. 잠언 16장 2절을 보라. "사람의 행위가 자기 보기에는 모두 깨끗하여도 여호와는 심령을 감찰하시느니라". 우리 인간들은 언제나 개인의 행복과 안락, 부유한 생활을 유지하는 것에 대해서만 관심을 갖는 경향이 있다. 그 결과, 우리는 기도하는 방법도 잘 모르거니와, 더 심각한 것은 기도하는 법을 배우려 하지 않는다는 점이다. 야고보 사도는 원해도 받지 못하는 것은 구하지 않기 때문이고, 또한 구하더라도 받지 못하는 것은 잘못된 동기로 구하기 때문이라는 점을 지적했다(약 4:2~3). 기도하지 않는 사람들은 자기 생활 속에 하나님이 그다지 필요한 존재가 아니라는 잠재적인 믿음을 가지고 있다. 어떤 이는 기도하는 데 많은 시간을 보내긴 하지만 생활 속에서 하나님을 드러내고 그분의 이름을 높이며 영광을 돌리는 일은 드물다. 그러한 사람들이 하나님의 사랑과 은혜를 전달하는 도구로 사용되는 경우도 드물다. 이것은 그 사람 마음에 있는 이기적인 동기가 우상 숭배의 영과 맞아 떨어진 것이다.

하나님과 그분의 목적에 대해서 오해하기 시작하면 그저 인생을 행복하게 살고, 좋은 모습만을 보이며, 멋진 경험을 하고자 하는 강한 인간의 욕망만을 채우려 한다. 사탄은 주로 거짓말이라는 수단으로 우리를 속이는데, 그것은 하나님에 대해 잘못된 생각을 넣어 주는 것이다. 타락 이전의 상태였던 이브조차도 사탄의 유혹에 넘어갔는데 하물며 우리가 갈망하는 행복과 안락함을 그대로 만들어 주는 신이 있다는 거짓말에 우리는 얼마나 쉽사리 빠져들겠는가. 우리가 선천적으로 가지고 있는 우상 숭배의 영은 인생에 대한 우리의 목적과 창조에 대한 하나님의 목적을 바라보는 우리의 생각을 왜곡시킨다. 이런 이유로 우리가 궁핍하거나 고통스런 상황에 처하게 되면 성경말씀대로 하나님을 바라보는 대신에, 다른 사물들을 바라보게 되는 것이다. 우리가 하나님의 목적에 따라 살아가는 과정에서 어려움과 고통을 겪게 될 때, 우리의 진정한 모습이 드러나게 된다.

진리

이러한 사실을 염두에 두고서, 이제는 하나님 외에 또 다른 공급원이 있다고 믿는 것이 하나님의 자녀로서 예수 그리스도 안에서 하나님께 영광을 돌리는 것과 얼마나 현저한 차이가 있는지 생각해 보자. 매일 삶 에서 경험되는 사건과 관계를 통해 하나님을 생명의 근원으로 기대할 때, 하나님께 큰 영광을 돌리게 된다. 그리스도의 형상을 닮아 가기 위해 우리에게 필요한 것이 무엇이고, 하나님의 목적을 위해 우리의 생활에서 완성되어야 할 부분이 무엇인지를 아는 분은 지혜로우신 하나님 한 분뿐이다. 하나님은 우리 안에 있는 죄악된 동기를 명확히 파악하시기 때문에, 어려운 시험이나 불편한 관계의 사람들을 통해 우리의 죄악된 동기를 적나라하게 드러내실 수 있다. 우리 안에 몰래 감추어 두었던 보이지 않는 이기심이, 이것을 계기로 분명하게 나타나는 것이다. 우리는 산상수훈에서 예수님이 말씀하신대로 하나님은 우리가 구하기도 전에 우리에게 필요한 것들을 다 알고 계신다(마 6:8)는 것을 인용할 것이다. 그러나 우리가 우리에게 필요하다고 생각하는 것이 정말로 우리에게 필요한 것은 아니다.

사도 바울은 그의 서신서에서, 고통에 대응하는 성도의 반응에 대해서 이렇게 설명하고 있다. "이와 같이 성령도 우리 연약함을 도우시나니 우리가 마땅히 빌 바를 알지 못하나……"(롬 8:26). 우리의 연약함이란 무엇인가? 우리 안에 있는 자기 중심적인 생각과 선천적인 우상 숭배의 영은 우리를 모든 고통에서 건져 주고 우리를 불편하게 하는 사람들과의 관계를 변화시켜 달라고 하나님 앞에 기도하게 만든다. 우리를 향한 하나님의 근본 목적이 무엇인지 깨닫지 못하고, 우상 숭배의 영이 있다는 사실조차도 알지 못한다면, 우리를 힘들게 하는 사람들과 상황이야말로 하나님이 우리를 위해 예비하신 것임을 깨닫지 못하게 된다.

그러나 하나님은 우리의 연약함을 질타하시는 대신 오히려 돕는 자를 보내 주시는 분임을 알게 되면 마음이 한결 가벼워진다. 바울은 로마서 8장 26절 후반에서 계속 설명하고 있다. "오직 성령이 말할 수 없는 탄식으로 우리를 위하여 친히 간구하시느니라". 성령을 통해 사역하시는 하나님을 찬양하자! 성령은 우리가 어리석은 기도를 하거나 우상 숭배의 영향력 가운데 있더라도, 우리를 위해 간구하신다. 우리는 기도하는 법을 모를지라도, 성령께서는 우리가 그리스도의 형상을 닮아갈 수 있도록 기도해야 할 것을 정확히 알고 계신다.

그러나 성령께서 홀로 중보의 사역을 하시는 것은 아니다. 로마서 8장 27절에 계속 설명하고 있다. "마음을 감찰하시는 이(예수 그리스도)가 성령의 생각을 아시나니 이는 성령이 하나님의 뜻대로 성도를 위하여 간구하심이니라". 예수 그리스도의 중보사역 은 역시, 내가 엉뚱한 기도를 하고 있는 순간에도 효과적으로 역사한다. 우리가 기도할 때, 성령께서도 기도하시며, 예수께서는 이에 성령이 간구하는 바를 아시고, 아버지 앞에서 우리의 중보자가 되어 주신다. 예수께서는 언제나 하나님의 뜻대로 간구하신다. 따라서 우리도 여러 가지 불편하고 고통스러운 상황이나 관계의 어려움을 경험하며, 예수 그리스도의 형상을 닮게 되는 것이다.

모든 것은 하나님으로부터

하나님의 자녀인 당신에게 일어나는 모든 일은 하나님으로부터 오는 것이라고 생각해 본 적이 있는가? 우리가 가진 신학이 무엇인지 자세히 살펴보고 이를 생활 속에 적용해 보자. 모든 것은 유일하신 하나님의 섭리에 의한 것이다.

히브리서 7장 25절을 보면, 예수께서는 "항상 살아서 우리를 위하여 간구하시는 분"으로 묘사되어 있다. 당신의 목숨이 다하는 날 동안, 1년 52주, 매주 7일, 매일 24시간 동안 쉬지 않고 당신을 위해 기도하는 것이 예수께서 하시는 주된 일이다. 예수님은 결코 한 순간도 쉬지 않으신다! 또한 예수께서 기도하시면, 기도하는 제목이 100% 모두 다 응답받는다. 예수께서는 언제나 "하나님의 뜻을 따라 성도들을 위해 중보하시기" 때문이다(롬 8:27). 그러므로 우리의 삶 가운데 일어나는 모든 일을 예수께서 중보하시는 기도의 정확한 응답으로 알고, 이를 기쁘고 담대하게 받아들일 수 있다. 바울의 설명을 들어 보라. "우리가 알거니와 하나님을 사랑하는 자 곧 그 뜻대로 부르심을 입은 자들에게는 모든 것이 합력하여 선을 이루느니라"(롬 8:28).

바울이 로마서 8장 26~29절에서 말하고자 한 바는 무엇인가? 간단히 말해, 우리는 기도하는 방법을 잘 알지 못하지만 우리가 기도할 때 성령께서 함께 기도로 도우신다는 것이다. 또한 예수께서는 성령의 중보하시는 바와 하나님의 뜻에 따라서 기도하신다. 그렇게 되면, 하나님은 성령님과 예수님이 중보하신 내용에 따라, 우리를 아들의 형상으로 바꾸시려는 목적에 맞춰 일하기 시작하신다. 그런데 우상 숭배의 영은 이 진리를 믿지 못하게 하고 오히려 또 다른 신들이 있다고 거짓말을 한다.

우상 숭배의 정체를 깨닫고 인식하는 것만으로도, 진정으로 우리에게 사랑의 준비를 시키시는 분이 오직 예수 그리스도뿐임을 이해할 수 있게 된다. 예수께서는 사탄의 현란한 판매용 선전에 결코 넘어가실 분이 아니다. 예수께서는 성부만이 하나님이시고 모든 만물의 근원이 되신다는 진리 안에서, 날마다 확신과 평강으로 행하시는 분이다. 기적 같은 치유가 일어날 때뿐만 아니라 십자가에 못 박히는 처절한 고통이 있을 때에도 예수께서는 하나님을 향하여 눈을 들기를 멈추지 않으셨다.

사도 바울은 골로새 교인들이 하나님의 비밀을 아는 진정한 지식에 이르기를 갈망했다. 하나님의 비밀이란 사랑과 지식이 그리스도에게서 나온다는 것이다. "지혜와 지식의 모든 보화가 감추어져 있는" 예수 그리스도 그 자체인(골 2:2~3) 것이다. 당신이 사랑해야 할 때가 되면, 당신의 생명 나무의 열매인 예수님의 삶으로부터 사랑이 흘러 나오게 될 것이다. 제자들을 향한 예수님의 마지막 유언이 요한복음에 기록되어 있다. 요한복음 14~16장을 보면 예수님은 괴로움에 떠는 제자들을 향하여 하나님을 믿고 의지하며 하나님께 기도하고 순종하라고, 그리고 그 분안에 거하라고 격려하시며 성령을 통해 그들을 사랑하신다는 소망의 말씀을 전하신다.

이와는 대조적으로, 우상 숭배의 영은 결코 당신이 하나님을 믿거나, 예수 그리스도가 하나님이신 것을 믿도록 하지 않는다. 하나님의 말씀을 묵상하고 모든 일에 기도하며 사랑하라고 부추기지도 않는다. 대신 당신의 머릿속에 저장해 놓은, 우상 숭배의 특징만을 나열하면서, 그저 그러한 지식을 아는 것으로 이미 생명의 열매를 먹은 것처럼 착각하도록 만들어 버린다. 단순히 하나님에 대한 지식을 가지고 있는 것과 하나님 안에서 살아가는 것 사이에는 엄청난 차이가 있다. 우상 숭배의 영은 당신이 지식을 습득하는 가운데 자연스레 생명나무의 열매를 먹고 있다고 믿게 만든다. 하지만 실상 당신이 먹게 되는 것은, 선악의 지식을 알게 하는 나무의 먹음직스러운 부분에 불과하다.

당신은 어느 쪽 열매를 따먹고 있는가? 생명의 나무인가, 아니면 지식의 나무인가? 당신이 얼마나 쉽게 사탄의 선전에 속아 넘어가는지 아는가? 당신의 삶 속에 우상 숭배의 영이 작용하고 있다는 사실을 알고 있는가? 만약 그렇다면 하나님 앞에 무릎을 꿇고 우상 숭배의 죄에 대해 고백할 수 있을 것이다.

모든 것을 합력하여 선으로 만드시는 분이 하나님 한 분임을 믿는 것은 감사의 생활을 할 수 있는 바탕이 된다. 당신의 삶에서 일어나는 모든 사건과 인간관계에 관여하시는 하나님께 감사를 드리는 것은 하나님에 대한 당신의 믿음을 표현하는 것이고, 이것은 생명나무로부터 열매를 따는 것과 같은 일이다. 당신의 삶 가운데 하나님을 생명의 근원으로 믿는 대신 다른 것을 바라보는 우상 숭배의 영이 드러날 때마다 그 죄를 깨우쳐 주시도록 기도하라. 또한 주 예수께서 당신을 통하여 하나님의 사랑을 드러내시도록 간구하라.

4장 자신이 바라는 모양으로 조종하고 조각해 가는 영

두 번째 특징: 우상 숭배의 영은 사람들과 상황을 조종하고 통제하려고 한다

너는 자기를 위하여 새긴 우상을 만들지 말고…… (신 5:8 상).

긍정적인 조각의 도구

테드와 신디는 예비 결혼 상담의 첫 번째 과정을 밟고 있는 중이었다. 상담가는 신디에게 이렇게 질문을 던졌다. "테드에게 원하는 것을 부탁하고 싶을 때는 어떻게 하십니까?" 신디는 단 일초도 머뭇거리지 않고 즉시 대답했다. "그냥 살살 웃으면서 귀여운 척 하지요." 테드는 만면에 미소를 지었다. 그리고 그런 일에 '이미 익숙하다'는 듯한 표정이 곧 그의 얼굴에 드러났다. 정말로 그는 신디의 그런 방법에 익숙해 있었던 것이다!

그렇지만 테드에게도 나름의 방법이 있었다. 상담가의 질문을 받자, 그 역시 신디를 조종하는 방법을 비장의 무기로 숨겨 두었음을 이

야기했다. 이것이 바로 우상을 숭배하는 사람들이 자신의 우상을 만드는 방법이다. 상담가는 그들이 자신들의 관계에 있어서 기초가 되는 것이 무엇인지 깨닫고, 서로 사랑하는 법을 배울 수 있게 지도할 방법을 모색했다. 테드와 신디의 관계는 시작부터 우상 숭배의 영의 영향력을 받고 있었던 것이다. 만약 그들이 자신들의 관계에 내재된 파괴의 씨앗의 실체를 모른 채 결혼 생활에 뛰어들었다면, 분명 결혼 생활은 파경을 맞고 이혼으로 끝났을 것이다. 그들은 서로를 우상으로 삼고 있었다.

하나님은 이스라엘에게 자기를 위하여 우상을 '만들지' 말 것을 경고하셨다. 우상이란 하나님을 경배의 대상으로 여기지 않는 숭배자를 스스로 '만들어 놓은' 것이다. 하나님이 아닌 누군가를 경배한다는 것은 하나님만이 채울 수 있는 것을 그가 채워 줄 수 있을 것이라 기대하는 것이다. 예를 들어, 사탄이 예수님께 세상 만물과 그 영광을 주겠다고 유혹했을 때, 예수께서는 이렇게 대항하셨다. '너의 하나님, 주만 경배하며 그분만 섬기라.' 예수님께 있어 사탄이 무언가를 공급해 줄 것을 바란다는 것은 사탄자체를 경배하는 것과 마찬가지였으며, 하나님의 말씀 역시 그것을 명백한 죄로 언급하고 있다. 우리가 어떠한 사람이나 사물, 또는 생각을 나의 필요와 안락함, 행복, 권력 등을 채워 줄 수 있는 근원으로 여긴다면 이것이 바로 우상을 경배하는 것이다. 우상 숭배의 영의 영향을 받는 사람들은 사람이나 상황을 우상의 자리에 두고 자기 중심적인 욕구나 안락함을 채워 달라고 간구한다. 그 결과, 우상의 자리에 놓이는 사람이나 사물은 조종과 통제의 대상에 머무르고 만다. 구약 시대 당시에 우상을 섬기는 사람들이 손에 칼을 움켜 쥐고 자신이 숭배할 우상을 새겨 만들었듯이, 현재 우리들도 자신의 우상을 만들기 위해 사용하는 아주 정교한 조각용 끌을 가지고 있다. 여기서 말하는 '정교한' 조각용 도구란 결코 현대 인간들이 고안해 낸 새로운 물건이 아니다. 에덴 동산에서 인간이 타락했던 그 순간부터 우리 주위에 있었던 도구다. 일단 그 실체를 파악하고 나면, 성경 이야기 전체에서 그 모습을 부지기수로 찾아보게 될 것이다.

인류에게는 필요한 도구의 선택 범위가 엄청나게 넓다. 조각용 도구란, 자신이 원하는 때에, 자신이 원하는 바를 상대가 그대로 행하도록 만들기 위해 고안된 말과 행동들이다. 나는 이러한 도구에는 긍정적인 조각의 도구와 부정적인 조각의 도구, 이렇게 두 가지의 범주가 있다는 사실을 알게 되었다.

다른 사람들이 좋아하는 것들을 사용하는 것은, 긍정적인 조각의 끌를 사용하고 있는 것이다. 신디가 사용했던 '깜찍이 미소 작전'은 테드에게 정확하게 적중되었다. 신디가 그러한 방법을 사용할 때면, 테드는 신디가 자신을 사랑한다고 생각했다. 언뜻 보면 두 사람의 관계는 긍정적으로 보이지만, 그 실체를 들여다보면 신디는 자신이 원하는 것을 하나님에게 구하는 것이 아니라 테드를 통해 얻어 내려는 것이다.

우상 숭배의 죄가 그토록 악하고 교활한 것은 어두움을 빛으로 조작하면서, 분별력 없는 사람들을 기만하기 때문이다. 또한 우상 숭배의 영이 긍정적인 도구를 사용하여 활동할 때면, 우상을 숭배하는 사람들까지도 속여 자신의 죄를 전혀 깨닫지 못하도록 만든다. 우상 숭배의 영을 가진 사람은 자신을 행복하게 만들어 주지 못했다는 이유로 상대방을 비난하는 경우가 많다. 또한 긍정적인 도구를 사용하는 죄는 다른 죄들과는 달리 전혀 죄의식을 '느끼지' 못하게 한다. 거기다 우상 숭배의 영이 '긍정적인' 모습으로 영향력을 미치는 경우, 우리가 양심의 가책을 느끼는 경우는 아주 드물다(피해자조차도 눈치채지 못한다).

나 스스로도 인정하기에 부끄러운 일이지만, 우리 부부 역시 우상 숭배의 영의 영향력 아래에서 관계를 시작해 나갔다. 우리 두 사람의 이야기가 그리 특별한 것은 아니지만, 이 이야기가 우상 숭배라는 것이 어떤 것인지 좀 더 알기 쉽게 해 줄 수 있을 것 같다.

내 아내 알마와 나는 16살이던 고등학교 시절에 만나게 되었다. 나는 우리 교회의 고등부 모임에 있는 여자애들을 죽 둘러보다가, 문득 알마야말로 나를 행복하게 해 줄 수 있으리라는 확신이 들었다. 알마를 처음 만난 날부터, 긍정적인 모습을 가지고 알마에게 끌을 들이대기 시작한 것이다. 알마를 방에서 마주치게 되면 나는 정렬적인 눈길을 보냈고, 알마의 머리 스타일과 입고 있는 옷, 재능에 대해서 칭찬을 아끼지 않았다. 길에서 마주칠 때면 알마는 언제나 환한 미소로 인사를 했다. 점차 서로 가까워지기 시작하면서, 함께 데이트를 하기도 하고 알마가 즐거워할 만한 일들을 찾아다니기도 했다. 내가 진정으로 알마를 아낀다고 그녀가 생각해 주기를 바랐다.

물론 나는 알마를 아끼고 있었다. 하지만 그녀가 나를 기쁘게 해주기를 기대하면서 아끼고 있었던 것이다! 나는 내가 알마와 함께하는 모습이 사람들에게 어떻게 보이는가에 대해서도 신경을 썼다. 나는 알마야말로 나의 남성다움을 돋보이게 해 주는 여자라고 생각했다. 알마는 응원부 단장이었고, 내가 본 여자들 중에 제일 예뻤기 때문이었다. 알마는 당시 학교와 교회 안에 있는 여자애들 중에 내가 선택할 수 있는 최고의 여자였다. 그리고 알마라면 나의 환상적인 내조자가 되어 줄 수 있으리라 생각했다. 게다가 알마는 우리 교회 목사님의 딸이었다. 알마와 함께 하는 것이, 내가 영적으로도 괜찮은 사람이라는 것을 다른 사람들에게 인식시키기에 충분했다. 그 외에도 알마는 나의 필요를 채워 줄 수 있었으며, 나를 돋보이게 할 수 있는 많은 이유들이 있었다. 하지만 그 모든 생각들의 뿌리는 우상 숭배였다. 내가 알마를 원했던 이유는 그녀가 나를 위해 무엇을 해 줄 수 있을 것이라는 생각뿐, 그녀를 통해 어떻게 예수 그리스도와 더 깊은 관계를 맺을 수 있을까하는 생각은 없었다.

알마는 내가 그녀를 향해 그토록 긍정적인 말과 행동으로 다가가게 만든 근본 동기가 무엇인지 알지 못했다(나 역시도 몰랐다). 알마는 내가 자신을 사랑한다고 생각했다. 나 역시도 그녀를 사랑한다고 확신하고 있었다. 알마 역시 교회와 학교 등을 돌아보며 자신만의 백기사를 찾아다녔고, 결국 내가 그 물망에 오르게 된 것이었다. 알마는 나를 향해 조각을 새기기 시작했고, 나야말로 그녀를 행복하게 해 줄 수 있는 사람이라고 생각하게 되었다. 내가 시작했던 조각 작업이 다시 알마의 긍정적인 조각 새기기로 되돌아오게 된 것이다. 알마는 내가 좋아하는 모양대로 머리를 꾸몄다. 옷도 내가 칭찬한 것들만 주로 입었다. 알마는 나를 향해 미소 지으며 아름답게 보이고자 했다. 나는 성가대 연습을 하는 도중에, 쪽지를 적어 고무줄에 끼워 피아노를 치고 있는 알마를 향해 튕겨 보내기도 했다. 그러면 알마는 피아노 의자에 앉아 쪽지를 펼쳐 읽은 다음, 알겠다는 표정을 나에게 지어 보이곤 했다. 한번은 도로 나에게 고무줄을 튕겨 보낸 적도 있었다!

4년 동안 꾸준히 서로를 새겨 간 후, 우리 두 사람이야말로 서로에게 완벽한 짝이라는 확신이 들었다. 그녀는 나의 인생의 비전과 동일한 비전을 가지고 있다고 확신했고, 그 사실이 나를 너무도 행복하게 만들었다! 알마는 그녀 나름대로, 내가 그녀 자신과 똑같은 비전을 가지고 있다고 확신하며 무척이나 행복해했다!

그러나 얼마 지나지 않아, 우리는 실체를 보게 되었다. 우리가 우리 자신과 서로를 속이고 있었다는 사실이 명백해졌다. 결혼과 더불어 나는 그녀가 나에게 행복과 안락함을 가져다줄 것을 기대했고, 알마 역시 나에게서 그것을 기대했다. 우상 숭배의 영은 긍정적인 조각도구를 사용해서 우리 결혼 생활 전체를 파경으로까지 몰고 가려 했던 것이다. 우리는 우상 숭배의 긍정적인 조각행위를 사랑으로 오해하고 말았다.

부정적인 조각의 도구

결혼 후 서로를 향해 부정적인 끌을 들이대기까지는 그리 오랜 시간이 걸리지 않았다. 부정적인 조각의 끌 역시 우리가 원하는 때에, 원하는 것을 하도록 하기 위해 고안된 말이나 행동이다. 하지만 이것은 긍정적이기보다는 파괴적이거나 상처를 입히는 도구가 되기 쉽다.

사도 바울은 골로새서 3장을 통해 이와 같은 부정적인 도구의 여섯 가지 예를 나열하고 있다. 바로 이 골로새서 3장은 우상 숭배의 죄에 대해 가장 뛰어난 통찰력을 보여 주는 대표적인 장이다. 바울은 이 서신을 읽는 모든 사람들이 우상 숭배의 죄를 회개했다는 가정 하에(골 3:5~7) 이러한 부정적인 조각의 도구를 내려 놓기를 격려하고 있다.

하나님은 모든 것을 공급하신다(골 3:1). 우상 숭배는 땅에 속한 것이고, 인생의 필요를 채워 주는 근원이 되지 못한다. 왜인가(골 3:2)? 예수께서는 생명과 경건함에 필요한 모든 것을 공급하시기 때문이다(골 3:3). 우리를 향한 하나님의 목적은 안락한 삶이 아니라, 하나님의 영광을 드러내는 것이다(골 3:4). 우상 숭배는 심각한 죄다(골 3:5~6). 우리가 그리스도인이 되기 전에는, 우상 숭배의 영에게 지배를 받았다(골 3:7).우상 숭배의 죄를 회개하고 하나님만이 나의 필요를 채우시는 분으로 받아들여야 한다(골 3:8~9). 욕설, 분노, 허위, 거짓말, 성냄, 원한 등이 부정적인 조각의 도구다.

우상 숭배의 근본 원인

왜 사람들은 화를 내고, 성질을 부리며, 남의 탓을 하고, 남의 이름을 욕되게 하며, 파괴적인 말과 거짓말로 상대를 저주하고 깎아내리는 것일까? 그것은 바로 자신이 원하는 것을 얻기 위해서다! 이러한 조각 방법은 긍정적인 도구로는 자신이 원하는 모양으로 조각할 수 없을 때 사용하게 된다. 그들은 이런 식으로 해서 자신이 원하는 때에, 자신이 원하는 것을 다른 사람에게 시킬 수 있다고 생각한다. 실제로 이런 방법이 적중하기 때문에 사용하는 경우가 많다. 물론 아주 잠시 동안이지만 말이다.

관계에 있어서 자신의 분노를 억제하지 못하고 힘겨워하는 사람들이 많다. 화를 낸 것에 대해 매번 회개하고 또 회개한다. 이러한 분노에서 벗어나지 못하는 이유는 바로 문제의 핵심을 다루지 못하기 때문이다. 즉, 문제의 근본 원인은 분노 자체가 아니라, 그 사람 개인이나 상황 가운데 있는 우상 숭배의 문제이다.

필은 자신의 분노의 문제를 가지고 상담을 받고자 했다. 상담가는 그가 어떠한 우상 숭배의 문제와 관련되어 있는지 찾아내기 위해 필의 어린 시절에 대해 물어보았다. 필은 자신이 입양된 아이라고 말하면서, 그 가정을 만나게 된 경위와 그들이 자신을 돌보지 않은 사실에 대해서도 이야기했다. 필은 어린 소년 시절, 외로울 때면 방으로 들어가 벽장을 정리하곤 했다. 그는 벽장 선반 위에 장난감을 나란히 엎어 놓은 후에, 가만히 앉아서 자신이 만들어 놓은 완벽한 질서체계를 보며 황홀해했다.

필의 우상은 '질서'였다. 자신의 인생이 무질서 그 자체였기 때문이다. 그는 수년 동안 자신의 우상 숭배를 즐겨오다가, 어느덧 결혼도 하고 아직 8살이 되지 않은 4명의 자녀들을 둔 아버지가 되었다. 이런 어린 자녀들이 집안을 얼마나 어지럽혀 놓을지는 보지 않아도 뻔한 일이다. 필은 집안이 난장판이 된 모습만 보면 불같이 화를 내면서 일하던 차고로 뛰쳐 나가곤 했다. 거기서 필은 자기만의 또 다른 '질서'의 우상을 만들어 놓았다. 모든 것이 정확히 제자리에 놓여 있었다. 그는 창고 안의 모든 것을 통제할 수 있었던 것이다.

필이 가지고 있는 분노의 근본적인 원인은 질서에 대한 우상 숭배였다. 그가 폭발하는 분노는 아내와 아이들을 조종해서 자신이 원하는 대로 움직이도록 하려는 부정적인 조각 기술이었던 것이다. 그러다가 아내와 아이들이 자신이 기대한 바대로 행동하면 이내 곧 화가 풀렸지만, 죄책감은 남아 있었다.

그의 가장 큰 문제점은 분노가 아니라 우상 숭배였다. 자유롭게 아내와 자녀들을 사랑하는 것을 경험하기 위해서는, 먼저 자기 안에 평안과 안정을 얻기 위해 질서를 유지하고자 하는 기대감들을 내려놓아야만 했다. 또한 아내와 자녀들에 대해 알아야 할 또 하나의 사실은 단지 그들이 무질서하게 행동한다는 것뿐 아니라, 그들에게는 예수 그리스도의 성품과 사랑이 필요하다는 것이었다. 아이들이 난장판으로 뛰어놀 때 아내에게 절실한 것은 바로 필의 도움이었다. 필이 진정으로 아내를 사랑하기를 원한다면, 아내가 자신을 필요로 할 때 사랑을 보여 주고 섬길 수 있도록 하시는 하나님의 공급하심을 바라볼 필요가 있었다. 상황이 무질서하게 돌아갈 때 필의 분노가 무섭게 끓어올랐던 이유는 무엇일까?

우상 숭배에 수반되는 통제

우상 숭배의 문제에는 통제가 포함된다. 하나님을 의지하지 않고 죄 가운데 있는 인간은, 자기 자신의 행복과 안락을 얻기 위해 환경과 관계를 스스로 통제하려고 애쓰기 마련이다. 하지만 그렇게 하면

할수록 그가 체계적으로 통제하기 원하는 바로 그것을 고스란히 잃어버리게 된다. 예수께서는 이렇게 가르쳐 주셨다. "누구든지 제 목숨을 구원코자 하면 잃을 것이요 누구든지 나를 위하여 제 목숨을 잃으면 구원하리라"(눅 9:24). 우리가 하나님 외에 다른 것을 통해 필요를 얻고자 하는 순간, 우리가 바라는 사람과 사물, 또는 환경에 우리의 권세를 넘겨 줌으로써 비참하게 되는 것이다. 왜 그런 것일까? 오직 하나님 한 분 외에는 우리의 필요를 만족시킬 힘과 근원이 없기 때문이다. 만약 우리가 어떤 것을 반드시 얻어야 한다고 주장하게 되면, 그것이 오히려 나를 통제하게 된다. 우리가 원하는 때에, 원하는 그것을 손에 넣지 못하게 될지도 모른다는 두려움이 관계에 영향을 미치는 힘의 요소가 되어 버린다.

이러한 관점에서 볼 때, 관계에 미치는 또 다른 요소가 있다. 우리가 누군가를 조각하기 시작할 때, 오히려 관계가 멀어지게 된다는 것이다. 그래서 우리가 가장 사랑해야 할 가까운 가족들까지 소원해지는 관계가 되고 만다. 다른 이들이 당신을 조종하려는 동기를 가지고 있는지에 대해 당신이 얼마나 예민하게 반응하는지 알고 있는가? 당신은 당신의 남편이나 아내가 당신에게서 뭔가를 얻어 내려고 애쓴다든가, 자녀들이 갑자기 착하고 공손한 태도로 돌변하는 때가 언제인지 쉽게 알아챈다. 마치 특수 레이더 감지기라도 부착하고 있는 듯, 당신을 조각하고자 하는 사실을 금방 알아낸다. 이러한 사실을 알고 있으면, 왜 많은 사람들이 관계 안에서 별거와 불화로 고통을 겪고 있는지 이해하기가 쉽다. 이렇듯 '끌로 새겨진' 사람들이 과연 우상 숭배의 영으로 인한 영적 파괴를 분별해 내고, 자기 방어로부터 자유로워질 수 있을까? 당신은 자신이 이러한 끌에 의해 조종을 받을 때, 어떤 행동을 취하는가?

일반적으로 다른 사람의 손에 들려진 끌은 금세 우리 눈에 보이지만, 자기 자신이 들고 있는 끌에 대해서는 무지하기 마련이다. 우리의 삶 속에 있는 우상 숭배의 영이 무엇인지 깨닫고 이를 회개하지 않는 한 절대로 발견할 수 없다. 이 시간부터 여러분을 위한 나의 기도는, 당신이 더 이상 예전과 같은 모습으로 남아 있지 않는 것이다. 일단 당신 안에 있는 우상 숭배의 영을 깨닫게 되면, 성령께서 얼마나 급박하게 당신의 관심을 돌려 숨어 있는 동기를 직시하게 하시는지 놀랄 것이다. 내가 긍정적인 끌을 쥐고서 손을 뻗어 아내나 자녀들을 조각하려는 순간, 하나님은 이렇게 질문하실 것이다. "네 손에 든 것이 무엇이냐?" 하나님의 도우심이 얼마나 감사한지 모른다. 성령의 도우심이 없었더라면, 우리 가족들은 벌써 가루가 되어 버렸을 것이다. 우상 숭배의 영은 이렇듯 교활하기 그지 없다.

결코 끌을 사용하지 않으시는 예수님

예수님은 당신을 어떻게 사랑하셨는가? 예수님 자신이 만족하기 위해 당신에게 긍정적인 도구나 부정적인 도구를 사용하시는 법이 없다. 당신이 그리스도인이라면, 예수께서 우리의 마음을 조종하거나 통제하는 일 없이 얼마나 놀랍게 변화시켜 주셨는지 몹시 놀랄 것이다.

예수님처럼 사랑의 자유를 누리기 원한다면 먼저 당신의 손에 들려 있는 조각 연장들을 내려놓으라. 당신 안에 계신 예수께서는 관계 안에서 그런 술책을 사용하는 것을 기뻐하시지 않으신다. 그리스도만이 모든 것을 주관하고 계신다는 사실을 믿는다면, 더 이상 조각을 새기고, 조종하며, 통제할 필요가 없어진다. 자기만의 방법으로 손에 넣겠다는 권리를 포기하고, 그 대신에 나를 통해 사랑을 드러내시는 예수님의 능력을 신뢰하기로 결단하라. 그러면 하나님을 향한 사랑이 더욱 커지고, 그의 임재 안에서 더욱 큰 힘을 얻게 될 것이다.

당신이 쥐고 있는 연장은

이미 숙련된 당신의 긍정적인 조각 연장은 어떤 것인가? 아첨, 거짓 칭찬, 섬김, 선물 공세인가? 그렇다면 당신 손에 들려진 부정적인 조각 연장은 무엇인가? 성냄, 냉담함, 의기소침, 거친 말들, 비열함, 아니면 거짓말인가? 우상 숭배의 영이 가지고 있는 두 번째 특징을 알게 되면 우상 숭배의 실재를 간파할 수 있다. 내 손에 얼마나 많은 연장을 쥐고 있었던지! 이러한 사실을 깨닫게 되면서 나는 예수 그리스도를 향한 나의 필요를 더욱 확신하며 확인할 수 있었다. 하나님의 은혜로 여러분들 역시 자신의 손에 익숙한 도구가 무엇인지 깨닫게 되기를 바란다.

5장 자신을 위해 상대를 더 많이 조각하려는 모습

너는 자기를 위하여 새긴 우상을 만들지 말고……(신 5:8 상).

다양한 종류의 끌

남부 캘리포니아에서 열린 복음주의 교회의 주요 행사에 참석한 적이 있었다. 말씀의 주제는 예수님의 재림과 하나님과 한 가족이 되는 놀라운 축복을 주로 다루고 있었다. 말씀을 마무리 할 때쯤, 강사는 모든 인간이 선천적으로 가지고 있는 소속감, 고독에 대한 두려움, 행복하고자 하는 욕구들에 대해 주의를 집중시키기 시작했다. 그는 사람들을 향해 하나님의 '영원한 가족'의 일원이 되고 싶은 사람과 축복을 받고 싶은 사람들이 있는지 물어보며, 그런 이들은 손을 들어서 자신의 소망을 표시해 보라고 했다. 그러자 수천 명의 손이 올라갔다. 강사는 손을 든 사람들에게 자리에서 일어서서 한 소절 한 소절 주님을 초청하는 기도를 따라 하게 했다. 예수 그리스도께 자신의 죄를 용서해 주실 것을 간구하고, 그들의 마음으로 찾아와 거하시기를 간청하는 기도였다. 기도가 끝나자 수천 명의 사람들은 일제히 손뼉을 치며 할렐루야를 외쳤다. 그러자 강사는 기도에 동참한 모든 사람들은 이제 하나님의 '영원한 가족'의 일원이 되었음을 선포했다. 지금부터 영원까지 하나님의 축복이 그들 모두에게 임하길 기대하고 있었다.

하지만 그 당시 내 안에는 여러 가지 복잡한 감정들이 내재해 있었다. 조금 전에 기도했던 수천 명 중에는 분명 하나님의 영으로 거듭난 사람이 있을 거라 믿으며, 나도 함께 기뻐하고 싶었다. 하지만 바로 그 순간 나는 자리에서 일어나 이렇게 외치고 싶었다. "잠깐만요! 하나님의 자녀가 되는 건 그리 간단한 일이 아닙니다. 단순히 하나님한테서 무언가를 받아내기 위해 열심히 기도한다고 당장 구원이 얻어지는 게 아니란 말입니다." 그날 기도한 무리들 가운데에는, 평소 사람들과 관계하는 식의 마음가짐으로 - 뭔가 얻어 내고자 하는 우상 숭배의 영으로 - 하나님께 나아간 사람들도 꽤 될 것이다. 도대체 얼마나 많은 사람들이 원하는 것을 얻기 위해 하나님을 향해 끌을 들고 덤비는 것일까?

조종하거나 조각을 하는 행위가 하나님과의 관계 가운데에서도 자행될 수 있다. 지금까지는 사람들과의 관계에서 일어나는 것에 대해 살펴보았다. 하지만 우상 숭배의 영은 하나님과의 관계에 있어서도 영향을 미치게 된다. 나도 그러한 영향을 받았다. 나 역시 하나님을 향해 조각을 시도했으므로 하나님을 향한 나의 사랑은 고통스럽기만 했다. 하나님을 조종해 보려고 조각을 해 본 적이 있는가? 하나님을 우상 대하듯 한 적이 있는가? 다른 사람들은 어떤 식으로 조각을 하는가?

성령님의 도움 없이 일하는 결단주의

제임스 아담스는 "결단을 통한 출생"이라는 제목의 논설에서 20세기 교회들이 일반적으로 범하는 실수에 대해 언급했다.

> "결단을 통한 출생"은 (세례를 통해 범했던 실수를 반복하는 대신) 새로운 영혼이 탄생했다는 사실을 조금 특별한 행동을 통해 확증시키도록 한다. 이러한 교리는 새로운 영혼의 탄생을 인간의 힘으로 작동되는 기계적인 과정의 한 결과로 본다.[3]

그는 자신이 명명한 소위 '영혼 얻어 내기 컨퍼런스'를 통해 급부상하게 된 '결단을 통한 출생'에 대해 좀 더 자세히 설명하고 있다.

이러한 모임에서는 결신 상담자들에게, 성공적인 결신법이란 각 개인이 구원에 대한 확신이 있는지 확인하면서 마무리 짓는 것이라고 가르친다. 이미 준비되어진 기도문에 따라 기도를 했고, 모든 질문에 "예"라고 대답했기 때문에, 그가 구원받은 것이 확실하다는 것을 확인시켜 주어야 한다는 것이다. 만일 상담을 받는 사람이 모든 질문에 대해 이미 "예"라고 대답하게 되면, 미리 준비된 기도문을 따라 기도하게 되고, 그 이후 그는 구원받은 자로 인정받게 된다.[4]

이런 식으로 진행되는 결신을 통해, 사람들은 '거듭난' 사람으로 인증된다. 전 세계적으로 움직이는 거대한 복음주의 운동도 본질적으로는 거의 이런 식의 결신법을 사용하고 있는 실정이다. 물론 다양한 유형의 결신 방법이 있기도 하지만 보통 다들 기계적인 요소를 사용하고 있다. 기도를 그대로 따라 하라고 한다든지, 구원받았다는 사실을 확인하기 위해 결신 카드에 서명하는 식으로 말이다.[5]

복음을 제시하는 동안 성령께서 상담받는 사람의 마음에 역사하시지 않고, 또 결신 상담자가 각 개인의 마음속에 있는 우상 숭배의 영이 어떤 것인지 파악하지 못하거나, 하나님이 부으시는 회개와 믿음의 징조에 익숙하지 못하다면, 하나님을 향한 우상 숭배의 영이 초청의 기도를 하는 동기가 될 수도 있다.

이아인 머레이는 그의 책 『잊혀진 사람, 스펄전』이란 책에서 청년들을 대상으로 결신 상담하는 법에 대해 설명하면서, 사람이 하나님을 '조각하도록' 인도받을 수 있는 예화를 보여 주고 있다.

예를 들어, 오늘날 학생 전도용으로 많이 사용되고 있는 책자를 살펴보면, 그리스도인이 되기 위한 '간편한 3가지 단계'를 다루고 있다. 첫째, 개인의 죄를 인정하기. 둘째, 예수께서 대속하신 일을 믿음으로 받아들이기. 이 두 가지는 예비 단계일 뿐이다. 마지막, 세 번째, "이 사실을 받아들이면 그리스도인이 된다…… 나는 그리스도께로 나아가야 하고, 모든 사람을 위해 예수께서 행하신 일을 사람들에게 개인적으로 나누어야 한다." 모든 것을 결정내리는 세 번째 단계는 순전히 나 개인의 선택에 달려 있다. "그리스도는 내가 문을 열기까지 인내하며 기다리신다. 내가 문을 열면 그분은 나에게 들어오시고……" 일단 이 행동을 취하게 되면, 곧장 나는 그리스도인이 된다는 이야기다. 그리고 자상한 충고도 따라온다. "오늘 하신 일을 다른 사람에게 나누세요."[6]

제임스 아담스가 한 말에 나도 동의한다. "결단을 통한 출생"이 실행하고 있는 결신의 방법과 그 신학적 여부를 자세히 고찰해 볼 필요가 있다. 악의를 가지고 고찰하자는 것이 아니라, 하나님의 백성들이 하나님께 영광 돌리기 위해 교리와 행동에서 하나 됨을 이루고자 하는 열망으로 살피자는 것이다. 전 시대에 걸쳐 가장 위대한 복음주의 설교가인 찰스 스펄전은, 그리스도 안에 있는 모든 사람들을 동등하게 사랑할 것을 역설했다. 또한 그리스도의 몸 가운데 있는 다른 이들의 교리와 방법에 대해서 잘 검토해야 할 필요가 있다고 말했다.

하나 됨을 이룰 수 있는 가장 좋은 방법은 진리를 장려하는 것이다. 이러한 방법이 서로의 잘못을 덮어 주며, 모두가 하나로 연합되도록 도와준다는 의미가 아니다. 우리는 그리스도 안에서 서로 사랑해야 한다. 하지만 서로의 잘못을 직시하지 못한다면, 특히 우리 자신의 잘못을 보지 못한다면 함께 연합할 수 없다. 먼저 하나님의 집을 깨끗이 청소하라. 그러면 멋지고 복된 시간이 우리에게 다가올 것이다.[7]

여러분이 사랑하는 가족이나 친구들 중에 소위 말하는 믿음의 결신을 한 후, 오히려 나처럼 하나님으로부터 더 멀어진 것에 대해 환멸감을 느끼고 낙담에 빠진 사람이 있는지 모르겠다. 그들 나름대로 하나님을 찾아보려 애썼지만, 하나님은 역사하지 않으셨다고 말할 때 어떻게 대답해 줄 것인가? 어떻게 그들을 도와줄 것인가?

우리는 우상 숭배의 영이 긍정적인 조각의 도구를 사용하여, 자신이 원하는 바를 행하도록 사람들을 조종한다는 것을 살펴보았다. 이와 마찬가지로, 성령께서 우상 숭배의 영을 드러내고 억제하셔서 잠잠하도록 하시지 않는다면, 우상 숭배의 영은 사람들에게 영향을 주어서 무언가 얻어 내기 위해 하나님을 조각하도록 속삭일 것이다. 다음 장에서 살펴보겠지만, 인간의 마음은 천성적으로 자신을 위해 뭐든 손에 넣고 싶어 한다. 예를 들어, 죄에 대한 몇 가지 사항을 인정해 주고, 기도를 그대로 따라 해 주는 것을 통해 자신이 존경하는 사람을 기쁘게 할 수 있고, 인정을 받을 수만 있다면, 결신 순서대로 따라 주는 것이 훨씬 유익하다는 것은 어린아이라도 금방 알 수 있는 사실이다. 사랑 많고 존경받는 목사님을 통해 어린아이들 전체가 그리스도를 믿기로 '결정'했다는 이야기는 충분히 이해할 만하다. 하지만 그러한 결정들에 의해 만족할 만한 결과를 얻을 수 있을 것인가? 아니면 그런 결정들 때문에 도리어 아이들이 실망과 낙담에 빠지게 될 것인가? 아이들이 진실로 거듭나기 전에 자신들이 '불신자'라는 사실에 대해서 인식할 필요가 없는 것인가?

제임스 아담스는 자신이 겪었던 통탄할 만한 사건 하나를 이야기했다. 앞에서 말한 식의 결단을 통해 40명의 '회심자'들과 연락을 해 보았지만, 자신을 그리스도인이라고 말한 사람은 겨우 한 명에 불과했다. 물론 우리는 한 영혼이 구원받은 사실에 기뻐해야 하지만, 나머지 39명은 어떻게 하란 말인가? "어떤 이들은 마음 가운데 회개와 믿음이 일어난 적은 없어도 '운명적인 확신'의 기도를 하기로 결정했기 때문에 영원한 생명이 보장되어 있다고 믿기도 한다. 또 어떤 이들은 기독교가 제공해야 하는 모든 것들을 이미 맛보았노라고 결론짓기도 한다. 그들은 삶에서 지속적으로 일어나는 변화를 느껴 보지도 못했기 때문에, 기독교가 말하는 복음은 다 가짜고, 그러한 종교를 믿는 사람들은 자기 기만적 광신자이거나 불쌍한 위선자일 뿐이라고 확신한다.”[8]

이 책은 단지 '결신을 통한 그리스도인의 탄생'에 관련된 교리적 잘못을 낱낱이 열거하거나, 이러한 안타까운 결과를 만들어 낸 방법들이 어떠한지 폭로하는 데 중점을 두고 있는 것은 아니다. 내가 말하고자 하는 주된 요점은 우상 숭배의 영이 미치는 영향력은 단순히 한 사람이 다른 사람들을 조각함으로써 사랑할 수 있는 능력을 잃어버리게 하는 데에 그치지 않는다는 것이다. 심지어 하나님과의 관계에까지도 직접적인 영향을 미칠 수 있다. 당신이나 주변 사람들 가운데 하나님을 기쁘시게 할 수 있다고 생각되는 모든 일을 해 봤지만 실망감만 느낀 사람들이 있을 것이다. 하지만 자신들이 성령이 아닌 우상 숭배의 영향을 받고 있다는 사실은 잘 모를 것이다.

우리가 어떤 사실들 - 이를테면, 우리가 처절한 죄인이며 구원자가 필요하다는 사실, 또는 우리가 사랑인줄 알고 행했던 것들이 실제로는 우상숭배였다는 사실 - 을 인정하고 받아들이는 것은 다른 사람이 우리에게 그것이 사실이라고 설득시켰기 때문이 아니라 성령께서 일하셨기 때문이다. 성령께서 일하실 때에만 우리의 기도 역시, 하나님이 우리를 위해 무언가를 하시게 만들기 위한 기도가 되지 않는다.

우리가 결국 이러한 사실들을 깨닫고 믿게 되는 것은 하나님이 직접 우리에게 가르쳐 주셨기 때문인 것이다. 그로 인해 우리는 하나님과 더 깊은 관계를 맺고 또 우리 자신을 드리기 위해 기도하게 된다. 하나님으로부터 얻으려고 기도하는 것이 아니라, 드리기 위해 나아가는 것이다. 우리는 하나님의 영광을 위해 우리의 삶을 드리고, 그분의 이름을 위하여 살며 때론, 고통받도록 부르신 분이 하나님이심을 이해하며 자신을 헌신하게 된다. 하나님께서 우리에게 베푸시는 자비와 은혜는 하나님을 기쁘게 할 만한 일을 해서가 아니라 그의 아들 예수 그리스도를 통해 하나님께 나아오는 모든 자에게 한 약속 때문이라고 복음은 우리에게 말한다. 내가 사는 남부 캘리포니아에서도 하나님이 역사하셔서 그리스도에 대한 진정한 믿음을 갖게 된 사람들이 있다는 사실은 참으로 희망적이다.

하나님을 향한 우리의 사랑에 영향을 미치는 우상숭배의 영

이와 같은 내용은 우상 숭배의 영이 하나님의 사랑에 어떻게 영향을 미치는지를 보여준다. 사람이 자신의 개인적 '욕망'을 채우기 위해 하나님을 이용하려 할 때, 자신이 원하는 것을 원하는 시기에 받지 못하면 비참함과 비통함을 느끼게 된다.

어쩌면 당신이 이런 일을 경험한 적이 있거나, 아니면 그런 일을 경험한 사람을 본 적이 있을 것이다. 사람이 자기 문제의 근본적인 원인이 무엇인지 깨닫지 못하면, 계속해서 분노와 욕설로 하나님을 향해 조각을 새기려고 덤벼들게 된다.

혹 당신이 이러한 방법을 통해 그리스도를 영접했다 할지라도, 굳이 구원받지 못했다는 식으로 결론내리지 말기 바란다. 하지만 분명히 알아야 할 것은 당신이 영접 기도를 했든지, 결단의 시간에 손을 들었든지 그것 자체 때문에 구원받는 것은 아니다. 구원이란 독생자 예수 그리스도를 통해서만 가능한 것이고, 그 예수 그리스도를 믿을 때에만 주어지는 것이다. 그렇다면 그 믿음은 어디서 온 것일까? 바로 당신의 마음속에 계신 성령께서 역사하셔서, 당신의 죄를 깨닫게 하시고 그 죄를 위해 예수 그리스도께서 십자가에서 대속하신 사건을 직접 가르쳐 주실 때에 진정한 믿음을 갖게 되는 것이다. 당신의 마음속에 역사하신 성령의 손길은, 하나님과 사람들을 자연스럽게 사랑하는 당신의 모습을 통해 열매로 드러나게 된다.

그렇지만 당신이 그리스도를 초청하는 기도를 그저 따라만 했고, 성령께서 이제서야 당신의 진정한 동기를 드러내 주고 계시기 때문에 아직은 하나님과 사람들을 자연스럽게 사랑해 본 경험이 없다면, 이것이 바로 당신이 왜 그토록 힘겹게 지내왔고, 하나님과 기독교에 대해 환멸을 느껴 왔는지에 대한 이유인 것이다. 문제는 당신을 향한 하나님의 사랑이 부족해서도 아니고, 당신 안에 용서받지 못할 죄가 있기 때문도 아니다. 다만 그것을 깨닫게 하시는 하나님의 때가 아니었기 때문이다. 어쩌면 지금이 바로 그때인지도 모른다!

우상 숭배의 영이 하나님을 믿는 사람들을 조종하고 통제하며, 사람들은 자신의 방법대로 하나님으로부터 원하는 것을 얻어 내기 위해 하나님을 조각으로 새기고 있다는 사실을 알게 된 것은 나에게 많은 도움이 되었다. 여러분에게도 역시 도움이 될 수 있기를 바란다. 또한 예수님을 만나려고 '시도'하지만 변화가 없는 사람들을 대상으로 사역할 때에도 도움이 될 수 있을 것이다.

우상 숭배의 영이 어떻게 활동하는지 파악하는 것은 우리 자신의 동기를 정결하게 하고, 은혜로운 영적 훈련을 하는 데 큰 도움이 된다. 즉, 기도하고 성경을 읽으며, 금식하고, 성도들과 교제를 나누며, 베풀고, 섬기는 일에 유익이 되는 것이다. 우리가 이러한 훈련을 하는 것은 하나님을 움직여 우리를 위해 역사하시도록 만들려는 것이 아니라, 오히려 하나님을 향한 우리의 사랑을 표현하며 하나님과의 관계를 심화시키는 동시에, 하나님께 영광 돌리며 살 수 있도록 은혜를 간구하는 방법이기도 하다.

우리가 하나님과 사랑의 관계를 갖기 위해서는 이기적인 욕심으로 하나님을 사랑해서는 안 되며, 우리 자신을 위해 하나님을 조각해서도 안 된다. 단지 그분의 영광을 위해 우리 자신을 드려야 한다. 또한 하나님만이 우리의 모든 필요를 채우시는 근원이신 것과 그리스도가 우리의 중보자이신 것을 믿으며 다른 사람들을 하나님의 사랑의 관계로 인도해야 한다.

6장 자신만의 유익을 위해

세 번째 특징: 우상 숭배의 영은 자기를 위해 우상을 만든다

너는 자기를 위하여 새긴 우상을 만들지 말고……(신 5:8 상).

우상을 필요로 하는 자아

우상 숭배의 세 번째 특징은 자신의 이기적인 욕망과 이득에 모든 초점을 맞춘다는 것이다. 인간은 이미 유아기 때부터 원하는 것을 자신의 방법과 때에 맞춰 얻고자 한다. 우상 숭배는 절대로 하나님의 방법과 때를 기다리지 못한다.

이러한 특징은 약속의 땅에 들어가기 위한 이스라엘 민족의 여정 가운데 여실히 드러난다. 이스라엘 사람들은 이집트의 노예 생활에서 벗어난 이후 제대로 쉬지도 못하고 지쳐 있었다. 그들은 시내산에 진을 치고, 모세가 어서 돌아와 명령을 내려 주기만을 기다리고 있었다. 하지만 그 시간이 너무나 길고 지루했다! 그래서 백성들은 아론을 불러 이렇게 요구했다. "일어나라 우리를 인도할 신을 우리를 위하여 만들라"(출 32:1). 그들이 원했던 하나님은 그들이 움직이고 싶을 때 움직여 주고, 그들이 전혀 복종할 필요가 없는 신이었다.

자아는 항상 모든 상황과 관계에 대해 욕망과 기대감과 견해를 지니고 있다. 자아는 이런 식으로 질문을 던진다. "이 일이 나에게 어떠한 영향을 미칠 것인가? 왜 하필 나인가? 내가 원하는 것, 좋아하는 것은 무엇인가?" 일반적인 사람들은 이런 식으로 자문하지 않는다. "이러한 행동이 다른 사람들한테 어떤 영향력을 미칠지 모르겠네……." 무엇이 다른 사람을 행복하고 편안하게 해 주는가?

이기심의 우상 숭배는 오늘날의 결혼 관계 안에서 여실히 드러난다. 빌과 줄리 부부는 이기심 때문에 결혼 생활이 불행으로 치닫는 아슬아슬한 상황에 있는 수많은 부부들의 한 예다. 그들은 상대의 비위를 거스르는 데 선수들이지만, 정작 진짜 문제는 자신들의 이기심에 있다는 사실을 모르고 있었다. 만일 그들이 상담을 받아야 한다면, 상담가는 빌이 말하는 줄리의 심각한 문제점을 들은 다음, 다시 줄리가 말하는 빌의 문제점을 듣고 서로 상대편에게 말해 주는 식으로 풀어 갔을 것이다. 그들 각자의 논리는 상대방의 문제점을 지적하지만 그들은 모두 자기 중심적인 관점으로 말하고 있다.

우상 숭배자는 왜 우상을 만드는 것일까? 우리로 하여금 조각하고, 조종하며, 파서 새기거나 통제하도록 부추기는 것은 무엇일까? 그것은 바로 우리의 자아이다. 우리가 갈망하는 것들은 많다. 직업, 질서, 의미심장함, 평안, 안락, 행복, 안일함, 그 외 수많은 것들을 얻고자 한다. 인생에 있어서 가장 비참하고 우울하며 분노와 좌절을 느끼는 바로 그 중심부에는, 자기애에 대한 깨어진 환상, 환멸, 실망감들만이 들어 있다. 하나님께서 "자기를 위하여 새긴 우상을 만들지 말라"고 하신 것은, 우리 안에 우상을 만들려는 욕구가 쉽게 생길 수 있음을 강조하기 위해서였다. 자아는 우상을 필요로 하는 것이다.

성경은 이 주제에 대해서 수차례 언급하고 있고 야고보서 3장 14~16절에 나오는 세상적인 지혜에 대한 설명을 통해 우리는 더 깊은 통찰을 얻을 수 있다.

> 그러나 너희 마음속에 독한 시기와 다툼이 있으면 자랑하지 말라 진리를 거스려 거짓하지 말라 이러한 지혜는 위로부터 내려온 것이 아니요 세상적이요 정욕적이요 마귀적이니 시기와 다툼이 있는 곳에는 요란과 모든 악한 일이 있음이니라(약 3:14~15).

선함과 상반되는 자아

사도 바울은 우리의 옛 자아를 모두 내려놓아야 한다고 에베소서 4장 22절에서 다음과 같이 권고하고 있다. "너희는 유혹의 욕심을 따라 썩어져 가는 구습을 좇는 옛 사람을 벗어버리고⋯⋯." '유혹의 욕심'이라는 단어는 우상 숭배의 영을 정확히 설명해 주고 있다. 유혹의 욕심이 우리의 마음을 속여서, 우리의 욕구는 반드시 채워질 가치가 있다고 현혹시킨다. 또한 우리는 당연히 사랑받을 만한 가치가 있고, 안락을 누려야 하고, 존경을 받아야 하며, 섬김을 받고, 칭찬을 받으며 공정하게 대우받아야 하는 존재라고 믿게 만든다.

골로새서 3장 9절을 보면 바울이 골로새 교인들을 향해 이렇게 격려하고 있다. "너희가 서로 거짓말을 말라 옛 사람과 그 행위를 벗어버리고". 많은 이들에게 있어서, 자아가 행하는 모든 행위가 선에 대한 하나님의 기준에 결코 미치지 못한다는 사실을 인정하는 것은 힘겨운 일이다. 따라서 이렇게 말하는 사람도 있을 것이다. "이것 보세요. 하나님을 모르는 사람들도 남을 위해서 얼마나 좋은 일을 많이 하는데요. 어떻게 그런 선행들이 악한 행동일 수 있다는 거죠?"

성경말씀에 의하면, 예수 그리스도의 생명으로부터 흘러 나오는 말과 행동들만이 하나님께 영광을 돌릴 수 있고, 또한 하나님의 기준에 따라 '선한' 것으로 구분될 수 있다. 한 남자가 예수님을 향해 어떻게 하면 선한 일을 할 수 있냐고 물었을 때, 예수께서 '선함'을 정의해 주셨던 부분을 기억할 것이다. "어찌하여 선한 일을 내게 묻느냐 선한 이는 오직 한 분이시니라……"(마 19:17). 이 말씀을 통해 비록 우리가 가진 자아 개념을 깨뜨리지는 못한다 하더라도, 예수 그리스도를 떠나서는 진정한 선을 행할 수 없다는 사실만은 깨달을 수 있을 것이다. 또한 예수께서는 십자가에 못 박히시기 전에 제자들에게 주신 마지막 말씀을 통해 이 사실을 분명하게 언급하신다.

> 내 안에 거하라 나도 너희 안에 거하리라 가지가 포도나무에 붙어 있지
> 아니하면 절로 과실을 맺을 수 없음 같이 너희도 내 안에 있지 아니하면
> 그러하리라 나는 포도나무요 너희는 가지니 저가 내 안에, 내가 저 안에
> 있으면 이 사람은 과실을 많이 맺나니 나를 떠나서는 너희가 아무것도
> 할 수 없음이라(요 15:4~5).

성경은 자아에 대해서 긍정적인 관점으로 말하지 않는다. 바울은
로마서에서 옛 자아야말로 죄의 노예가 되게 한다고 가르쳤다. "우리
가 알거니와 우리 옛 사람이 예수와 함께 십자가에 못 박힌 것은 죄의
몸이 멸하여 다시는 우리가 죄에게 종노릇하지 아니하려 함이니"(롬
6:6). 자아, 종노릇, 죄, 우상 숭배······ 이 모든 것은 아름다운 사랑의
열매를 메마르게 하는 잡초와도 같다.

하나님의 유익과 대립되는 인간의 유익

다른 사람들을 진심으로 사랑하기 원한다면, 먼저 하나님 대신 다
른 것들을 바라보게 하는 자기 만족과 자기 방종, 자기 중심, 자기 편
의 등과 같은 자아의 모든 죄악들을 경계해야 한다. 하나님의 유익보
다는 자기 유익을 추구하는 것이 인간의 천성적인 모습이다. 베드로
도 역시 이러한 문제를 가지고 있었기 때문에 주 예수께서는 그를 심

하게 꾸짖으셨다. 마태복음 16장 21~25절에 기록된 내용을 살펴보자.

예수께서 돌이키시며 베드로에게 이르시되 사탄아 내 뒤로 물러가라 너는 나를 넘어지게 하는 자로다 네가 하나님의 일을 생각지 아니하고 도리어 사람의 일을 생각하는도다 하시고, 이에 예수께서 제자들에게 이르시되 아무든지 나를 따라 오려거든 자기를 부인하고 자기 십자가를 지고 나를 좇을 것이니라 누구든지 제 목숨을 구원코자 하면 잃을 것이요 누구든지 나를 위하여 제 목숨을 잃으면 찾으리라(마 16:23~25).

베드로는 왜 예수께서 십자가로 향하는 것을 반대했을까? 예수께서는 베드로의 자기 유익을 지적하셨다. 예수께서는 베드로를 꾸짖으신 후 제자들을 향하여, 자기 자신을 부인하고 자기 십자가를 지고서 예수를 따르라고 말씀하셨다. 베드로는 십자가를 그의 인생을 위한 '하나님의 놀라운 계획'의 한 부분으로 여기지 않았다. 우상 숭배의 덫에 걸린 사람들 역시 그렇게 생각한다. 오늘날 교회는, 교인들이 언짢아한다는 이유 하나만으로 복음을 제시하는 데 있어서 십자가의 적용을 회피하고 있는 것은 아닌가? 물론 자아를 십자가에 못 박고 악한 행실과 함께 옛 자아를 벗어버리는 것은, 인기 있는 설교 주제가 아니다.

하지만 예수께서 베드로를 향해 말씀하셨던 내용을 보면, 자기 유익과 사탄은 아주 밀접하게 연결되어 있다. 하나님의 사랑으로 자유롭게 사랑하는 것을 경험하기 위해서는, 우리의 말과 행동 이면에 있는 이기적인 욕망과 동기를 찾아내어 모두 제거하고, 하나님의 은혜로 우리의 육체의 일을 제어시켜 주시기를 간구해야 한다. 일단 이 부분이 드러나게 되면, 베드로에게도 그랬던 것처럼 우리의 이기심에 일침을 가할 수 있다. 우리는 담대하게 명령할 필요가 있다. "사탄아, 내 뒤로 물러가라! 이것은 우상 숭배다."

이타적인 예수님의 사랑

베드로가 보여 준 자기 유익의 모습과는 대조를 이루는, 예수님의 생명적 자아의 모습을 생각해 보자. 생명적 자아의 모습이란 무엇인가? 예수님의 자아는 아버지 하나님의 뜻 안에 모두 녹아 사라졌기에, 이기심 없는 사랑은 우리 안에 계신 예수님의 생명에서만 흘러 나올 수 있는 것이다. 성경은 우리 주 안에서 누리는 생활이 얼마나 영광스러운 것인지 보여 준다. 마태복음 26장 39절에 나오는 예수님은 거의 완전한 인간의 모습이다. "조금 나아가사 얼굴을 땅에 대시고 엎드려 기도하여 가라사대 내 아버지여 만일 할 만하시거든 이 잔을 내게서 지나가게 하옵소서 그러나 나의 원대로 마옵시고 아버지의 원대로 하옵소서 하시고". 나와 마찬가지로, 당신도 이 말씀 가운데 '이 잔을 내게서 지나가게 하옵소서' 이 부분에만 자신을 결부시킬 것이다. 하지만 '나의 원대로 마옵시고'라는 부분이야말로 아버지 하나님에 대한 예수님의 사랑을 보여 주는 백미이고, 또한 우리의 이기심과는 구별되는 예수님의 모습을 알게 해 준다.

예수께서는 과거에도 그랬고, 지금 현재에도 정말 놀라우신 분이시다!!! 그는 아버지께 전적으로 헌신적이셨기에, 자기 스스로 일을 시작하여 행동하지 않으셨고 자신이 생각하는 바를 말하지도 않으셨다. 예수께서는 고소를 당하고 학대를 당하실 때에도 자신을 변호하지 않으셨고, 자기 방법대로 밀고 나가지도 않으셨으며, 언제나 아버지의 때를 기다리셨다. 심지어 생명이 다해 가는 그 순간까지 말이다. 누구를 위해서인가? 그분 자신을 위해서인가? 아니다. 아버지 하나님과 그의 백성들을 위해서다. 이 얼마나 놀라운가! 그리고 지금 이 순간에는 우리를 위한 중보기도에 혼신의 힘을 쏟고 계신다. 그렇기 때문에 예수께서는 우리의 구세주이며, 주인이 되시는 것이다.

어떻게 그토록 헌신적으로 자신을 드릴 수 있는 것일까? 그것은 자아의 문제와 결부되어 있다. 예수님의 '자아'는 아버지와의 관계 속에서 채워지고 완성되었다. 예수께서는 자신을 돌보아 주시는 아버지 하나님을 신뢰했기 때문에 이기적으로 움직일 필요가 없으셨다. 예수께서는 언제나 아버지께서 원하시는 바대로 행하셨고, 삶 가운데 다가오는 모든 일은 아버지께서 기뻐하시는 것이라는 사실도 믿으셨다.

"너희도 그 안에서 충만하여졌으니"(골 2:10). 타인을 향한 사랑은 만족함이 충만한 사람에게서 흘러 나오는 법이다. 우리 자신을 비우고, 우리의 생명이신 예수 그리스도의 충만함으로 행하면 우리도 하나님의 사랑을 드러낼 수 있다. 그러나 당신은 스스로 뭔가 부족하다고 느끼면(사실 당신은 비어 있는 상태다), 금방이라도 조각을 새길 연장을 챙겨서, 언제든지 자신을 위하여 우상을 만들 수 있는 태세가 되어 있는 것이다. 매리 맥스웰 여사가 작곡한, 찬송가 '나의 죄를 정케 하사'(Channels only)의 가사를 보면, 하나님의 사랑이 우리를 채울 때, 그 사랑이 우리를 통해 흘러간다는 놀라운 진리를 노래하고 있다.

> 귀하신 구세주, 그 사랑이 나를 붙드시니 주를 찬양하나이다 / 주께서 나를 구원하시고 씻기시며 채우셔서 주의 도구 되게 하시네 / 복되신 주여, 당신의 놀라우신 능력으로 주의 도구 삼으소서 / 매일 매 순간마다 나를 사용하셔서 주의 능력 나타내소서 / 예수여, 당신의 영으로 우리 마음을 채우사 주께 굴복하게 하소서 / 생명의 시내가 우리 속에서 흘러가게 하소서

우리가 하나님의 뜻 아래 자신의 뜻을 모두 굴복시킬 때, 다른 사람들을 자유롭게 사랑할 수 있다. 사도 바울이 서신서를 읽는 교인들에게 옛 사람의 모습을 "벗어버리라"고 한 이유도 바로 여기에 있다. 행위 동사는 지속되는 행동을 의미한다. 옛 사람을 벗어버리는 행위를

지속적으로 행하라는 말이 된다. 성령께서 당신이 우상을 만든다는 사실에 민감하게 반응하도록 도우시길 바란다. 또한 주께서 당신을 충만하게 하신다는 진리를 예수 안에서 발견하기를 바란다. 주께서 충만케 하신다는 것은 단지 살아가는 데 도움이 되는 느낌 정도가 아니라, 우리에게 주어진 사실이며, 그 안에서 행할 수 있도록 하신 것은 우리에게 큰 유익이 된다. 바로 이 순간, 모든 상황 안에서 당신이 가지고 있는 것이 하나님으로부터 오는 것이라면, 분명 그 상황에서 하나님께 영광 돌리기 위해 필요한 모든 것을 누리게 될 것이다. 우리가 꼭 기억해야할 것은 근원되시는 하나님을 바라보고, 하나님 안에서 필요한 모든 것을 이미 가지고 있다는 믿음과 그리스도의 충만함으로 이끄시는 성령의 인도를 받아 자기 만족에 치우치는 우상 숭배의 영에 현혹되지 말아야 하는 것이다. 당신에게 부족한 것은 단 하나도 없다.

7장 피조물을 의지함

네 번째 특징: 우상 숭배의 영은
모든 행복의 근원을 하나님이 아닌 창조물로 대치한다

> 너는 자기를 위하여 새긴 우상을 만들지 말고 위로 하늘에 있는 것이나
> 아래로 땅에 있는 것이나 땅 밑 물 속에 있는 것의 아무 형상이든지 만들
> 지 말며(신 5:8).

우리가 만들어 낸 우상들

내가 알고 있는 대다수의 사람들은 아마도 자신의 아내나 남편을
처음 만났을 때, 그들의 아름다움에 매료되어 분명 이 세상 사람이 아
니라고 생각했을 것이다. 그러나 지금은 그들이 이 세상에 사는 가장
평범한 족속에 불과하다는 사실을 깨달았을 것이다. 군이 강조할 필
요도 없지만, 인간이란 다른 사람들을 영원히 충족시키기에는 너무
도 무능력한 피조물에 불과하다. 사과를 아무리 쥐어짜도, 오렌지 주
스가 나오지 않는 것처럼 인간은 신이 될 수 없고, 필요를 채워 주는

근원도 될 수 없다.

아브라함 당시의 우상 숭배자들은 나무나 바위 등을 이용하여 우상을 깎고 새겨서 모양을 만들었다. 시편 기자는 피조물을 취하여 형상을 만들고 그것을 경배하는 자들의 어리석음을 설명하고 있다.

> 저희 우상은 은과 금이요 사람의 수공물이라 입이 있어도 말하지 못하며 눈이 있어도 보지 못하며 귀가 있어도 듣지 못하며 코가 있어도 맡지 못하며 손이 있어도 만지지 못하며 발이 있어도 걷지 못하며 목구멍으로 소리도 못하느니라 우상을 만드는 자와 그것을 의지하는 자가 다 그와 같으리로다(시편 115:4~8).

우리는 '인간의 손으로 만든 것'을 우상화시키는 경향이 있다. 이전 장에서 필이 자신의 침대와 차고 속에 만들어 놓았던 질서의 우상을 기억하는가? 로맨스와 환타지 역시 머릿속 상상으로 꾸며 내어 '인간의 손으로 만든' 또 다른 작품이다. 또 어떤 이들은 음악과 영상 작품을 인생을 꾸려 나갈 수 있는 힘으로 보기도 한다. 어느 젊은 주부는 자신이 가족과의 따뜻한 관계를 우상으로 숭배하고 있음을 주께서 깨닫게 하셨다고 고백하기도 했다. 사람들 그 자체가 우상은 아니었지만 사람들과의 관계가 어느 특정한 느낌과 모습으로 이루어져야 한다는 생각이 곧 우상인 것이다. 다른 어떤 이들은 사업과 주식, 유가 증권, 퇴직 연금 혹은 정부를 통해서 하나님의 채우심을 대신 공급받고자 하기도 한다. 심지어는 음식과 음료수, 마약 등이 '인간의 손으로 만든' 최신 작품으로 등장하여, 인간의 선천적인 욕구를 충족시킬 수 있다고 유혹하고 있다. 다시 한 번 강조하지만 이들은 모두 피조물에 불과하며, 오직 하나님만이 우리의 모든 필요를 채우시는 창조주시다.

나와 관계된 사람도 역시 피조물

바울은 골로새 교인들에게 쓴 서신서에서 우상 숭배의 죄로 인해 하나님의 분노가 임한다고 말했다(골 3:5~6). 구약성경에서는 하나님보다 피조물을 섬겼던 사람들을 향해 하나님께서 진노를 쏟아 부으신 사건들을 볼 수 있다. 우리 안에도 주변의 사람들을 경배하고 우상화하는 일들이 종종 있다. 구약시대에도 사람을 우상화시키는 일들이 분명히 자행되고 있었다. 이스라엘 민족이 모세를 우상으로 여겼고, 삼손이 들릴라를, 사울이 다윗을 그리고 다윗이 밧세바를 그렇게 바라보았다.

우리가 나무나 돌을 가지고 우상을 새겨 만드는 일은 거의 없지만, 혈과 육을 가지고 우상을 삼는 일은 여전히 계속되고 있다. 우상 숭배의 영은 인간을 유혹하여 피조물을 통해 행복을 기대하게 한다. 남편들은 아내를 보며 기대하고, 아내들은 남편들을, 어머니는 자식을, 자식은 부모를 바라보고 기대하며, 피고용인은 직장과 고용자를 기대하고, 고용자는 피고용인을, 교인들은 목회자를, 목회자는 교인들을, 이런 식으로 계속 이어져 가는 것이다. 당신과 관계된 모든 사람들이 우상 숭배의 영으로 조각될 수 있는 대상인 것이다. 그러나 이들 모두는 이 세상에 있는 가장 평범한 족속이라는 사실을 간과해서는 안된다.

나 자신도 하나님의 피조물

그렇다면 당신의 인생에서 가장 선명하게 새겨 가는 대상은 누구인가? 그게 바로 당신 자신이라고 생각해 본 적은 없는가? 하나님만이 채우실 수 있는 것을 스스로 얼마나 채워 넣을 수 있으리라 보는가? 당신 자신은 언제나 아름답고, 뛰어난 능력을 가지고 있고, 다른 동료들보다 똑똑하며, 성공을 거두고, 인기도 많을뿐더러, 부모와 조부모와 사회의 기대에 부응하는 놀라운 능력을 가진 사람이어야 한다고 기대한 적이 있는가? 또한 부모님과 자신을 만족시키기 위한 도구로 누구를 선택하는가? 홈런 한방을 날려 주고, 경기에 승리하며, 터치다운을 성공시키고야 말 것이라 기대했던 사람은 누구인가?

이러한 생각을 그대로 하나님과의 관계에 적용한다면, 하나님이 요구하시는 것을 수행하고 선택하기 위해 무조건 자아를 의뢰하는 버릇은 결코 변화되지 않는다. 자신을 향해 비난을 퍼붓는 양심의 소리를 무마시키기 위해 어느 정도 괜찮아 보이게 행동하면서, 하나님 앞에 스스로가 의로운 사람으로 보여지기를 바란 적은 없는가? 자신이 가진 자유 의지를 가지고 올바른 선택을 했다는 이유로 하나님이 당신에게 영생을 주실 거라고 기대하는가? 아니면 당신은 선과 악을 구별할 줄도 알고 또 선한 것을 선택했기 때문에 하나님의 축복을 받는 것이 당연하다고 생각하는가?

당신과 나는(성령으로 다시 태어난 상태라는 가정 하에) 정교하고 멋진 모양으로 지음받은 피조물일 뿐이다. 하지만 다른 피조물들과는 달리 하나님을 알고 그분을 경배할 수 있는 능력이 주어졌다. 우리는 어린 시절부터, 사람들과 하나님 그리고 자신이 기대하는 바에 따라 스스로를 채울 수 있다고 믿으며 자신을 깎고 만들어 조각했다. 그럴 만도 한 것이, 우리는 태어나는 순간부터 착한 아이가 되라는 부모의 기대의 대상이 되었기 때문이다. 부모들은 우리가 하나님의 은혜도 입지 않고, 또 예수 그리스도와 아무런 교제도 없는 상황에서도, 똑 부러지게 행동하고 자신을 통제할 수 있으리라고 기대한 것이다. 따라서 어릴 적부터 훈련받은 대로 우리가 자신을 하나님과 같은 존재로 여기며 살아가는 것은 그리 놀라운 것도 아니다. 여기에서 덧붙이고 싶은 말은, 부모들이 자녀에게 가르쳐야 할 것은 하나님께 책임감을 받은 피조물이라는 사실이다. 인간이 책임감을 느끼게 되면 자기의 의로움을 스스로 채울 수 없다는 것과 결국 구원자의 도움이 필요하다는 사실을 깨닫게 된다. 성경은 선천적으로 우리 마음이 하나님에 대해 죽은 자라는 사실과, 육체를 가지고서는 하나님을 순종하거나 기쁘시게 할 수 없다는 사실을 분명히 가르쳐 주고 있다.

> 육신의 생각은 사망이요 영의 생각은 생명과 평안이니라 육신의 생각은 하나님과 원수가 되나니 이는 하나님의 법에 굴복치 아니할 뿐 아니라 할 수도 없음이라 육신에 있는 자들은 하나님을 기쁘시게 할 수 없느니라(롬 8:6~8).

하나님과 같이 되려는 기대와 욕망에 대해 살펴보면 이는 선악을 알게 하는 나무의 열매를 가지고 이브 앞에서 흔들어 보였던 달콤한 뱀의 유혹이었다. 선악을 알게 하는 나무의 열매를 먹는다는 것은 선과 악을 구별하는 능력을 소유하게 된다는 것을 의미하는 것이다. 하나님은 아담과 이브가 그 열매를 먹었던 날, 그들이 정녕 죽으리라고 말씀하셨다. 결국 스스로 선과 악을 결정하려 했던 인간은 오히려 자신을 생명과 하나님의 능력으로부터 멀어지게 한 것이다. 그리스도 안에 있는 생명의 나무를 경멸하는 처사였던 것이다. 이것이 바로 우상 숭배의 모습이다!

에덴 동산에서 운명적인 사건이 시작된 이래, 인류는 하나님의 자리를 침범하고 그의 영광을 빼앗으려고 무던히도 애를 썼다. 그것이 바로 이브를 속여서 선악을 알게 하는 나무의 열매를 먹게 하고, 생명의 나무를 거부하도록 했던 사탄의 목적이었다. 아담과 이브에게 있어서는 '하나님과 같이' 되는 것이 마땅한 것이었다. 그들 마음의 주된 동기는 하나님과 같이 되는 것이기 때문이다. 인류의 첫 조상들에게는 선과 악을 구분하고 선택하는 것이 필시 매력적으로 다가왔을 것이다(심지어 이것은 오늘날의 우리들에게도 매력적이다). 하지만 여기에는 심각한 문제가 하나 있었다. 이러한 인간의 선택으로 인해 하나님을 완전히 떠나게 된 것이다. 역사 전체를 통틀어 볼 때, 모든 남자들(그리고 여자들)은 여전히 이와 똑같은 숙명적인 선택을 해 왔다. 예수 그리스도 안에 있는 생명의 나무를 무시한 채, 자신의 생명과 행복을 보장받기 위해 피조물을 의지하고 자신의 능력을 믿기로 선택한 것이다. 우리 모두는 지식의 나무 열매를 따 먹었고, 하나님의 의로움을 상징하는 증표를 잃어버렸기에, 하나님의 영광에 이르지 못하게 되었다.

나는 우상 숭배의 영이 얼마나 교활한지 명확하게 말하고 싶다. 우상 숭배의 영은 하나님만이 채우시는 것들을 불경건한 것들을 통해 얻도록 현혹한다. 그 속임수는 우리가 바라보는 것을 통해 우리의 필요를 모두 채울 수 있을 것처럼 보이게 한다. 비록 좋아보이긴 하지만 말이다! 매순간 우리 각자 앞에는 선악을 알게 하는 나무가 버티고 있다. 언뜻 보면 선과 악을 구분할 줄 알고 선한 것을 선택할 수 있다는 것이 바람직하고 올바른 일처럼 생각된다. 그러나 이것은 예수 그리

스도와의 깊은 관계를 통해 흘러 나오는 계시와 선택일 때만 바람직
하다.

하지만 여전히 우리는 사악한 동기를 위해 '좋은 것'을 선택할 수
있다. 인간이 선을 위하여 선택을 하고, 심지어는 예수 그리스도에 대
한 역사적 사실이나 증거들을 받아들이기 위해 선택을 한다고 하더
라도, 예수 그리스도와의 깊은 관계 없이 순수 학문적인 동기로 하게
된다면 그 모든 것은 우상 숭배적인 행동이다. 자신의 타고난 지식을
의지하고, 복음을 알고 있는 것만으로도 구원을 얻기에 충분하다고
생각하는 것은 우상 숭배다. 예수님은 제자들에게 하나님의 가르침
과 역사를 통해서만 그리스도에 대한 믿음을 가진 진정한 신자를 이
끌 수 있다고 가르치셨다. 요한복음 6장과 15장에서 두 가지 예가 기
록되어 있다. 첫 번째는 한 무리의 사람들이 예수께로 모여들었지만,
아버지 '하나님의 가르침' 없이 찾아온 것에 대한 이야기다. 두 번째
이야기는 우리 삶 가운데 주 예수 그리스도 그분을 떠나서 이뤄지는
것은 아무것도 없다는 예를 보여 준다. 우상 숭배의 영은 성령을 통해
역사하시는 하나님을 떠나서도 뭐든지 충분히 해낼 수 있다는 믿음
을 가지도록 우리를 유혹한다.

우리가 스스로 거듭날 수 없듯이, 사랑할 수 있는 능력이 피조물의
의지적인 힘에서 나올 수는 없다. 우리 자신의 의지가 아무리 강하다

고 해도, 사랑은 하나님에게서 나오는 것이다. 우리가 하나님께 배우고 그분과 교제하며, 그에게서 먹고, 그와 함께 거하며, 그분을 의지할 때 하나님은 성령으로 우리 마음을 움직이시고, 우리는 비로소 사랑할 수 있게 된다. 우리는 그리스도의 생명을 떠나서는 하나님을 믿을 수도 없고 그를 사랑할 수도 없다. 바울은 갈라디아 교인들에게 이렇게 썼다. "우리는 예수 그리스도를 믿음으로써 사는 것이라"(갈 2:20). 사도 요한의 글을 통해서는 "사랑은 하나님께로서 온다"(요일 4:7)는 사실을 알 수 있다. 자신의 우상 숭배의 죄를 겸손하게 인정하고, 예수 그리스도와의 교제를 좇을 때에, 우리는 하나님의 사랑을 전하는 통로가 되는 것이다. 모든 영광을 하나님께 드리자!

우리가 주의해야 할 것은, 피조물을 통해 행복과 능력을 얻으려 하지 말라는 하나님의 명령이 없었다면 우리 스스로는 굳이 우상 숭배에서 벗어나야 할 이유도 인식하지 못했을 것이라는 사실이다. 그러므로 우리는 하나님 앞에 부르짖을 수 있도록 끊임없이 자극받아야 할 필요가 있음을 깨달아야 한다. 바로 여기에서 우리의 약점이나 연약함, 혹은 다른 사람의 죄가 축복으로 바뀔 수 있는 것이다. 우리가 가진 연약함을 통하여, 하나님 앞에 자신의 궁핍함을 구해야 할 필요성을 깨닫게 되는 것이다. 우리는 하나님의 사랑의 대상이며 사랑의 도구로서 쓰임받을 수 있다는 사실을 기억할 때, 행복의 원리와 사랑의 힘을 찾을 수 있게 된다.

다른 사람들의 가치는 그가 우리에게 무엇을 제공하느냐에 있는 것이 아니라 오히려 그들의 죄된 모습과 연약함을 통해 내 안에서 그리스도의 사랑이 우러나올 수 있는 기회를 제공하느냐에 있다. 다른 사람을 대할 때에는, 내가 하나님의 말씀을 따라 사랑하고 실천할 수 있도록 창조주께서 허락하신 존재로 볼 필요가 있다. 그러면, 이전보다 하나님을 더욱 사랑하게 되고 그 사랑에 감사의 마음으로 응답할 수 있을 것이다. 하나님의 피조물인 인간을 통해 나의 사랑의 능력이 시험받고, 그들을 이기심 없이 섬겨야 할 때가 되면, 자신이 실패했든지 부족하든지 그 심정을 가지고 그리스도 앞에 나아가야 한다. 이러한 상황에서 가장 적절하게 다가오는 말씀이 히브리서 4장 16절에 나온 놀라운 초청의 메시지다. "그러므로 우리가 긍휼하심을 받고 때를 따라 돕는 은혜를 얻기 위하여 은혜의 보좌 앞에 담대히 나아갈 것이니라".

이제 앞으로는 당신이 원하는 때에 원하는 것을 해 주지 않은 사람들 때문에 화가 치밀어 오르게 될 때마다 하나님께 나아가서 구하라. 그리고 사랑하는 법을 가르쳐 달라고 부르짖어 보라. 그때마다 하나님께서는 피조물을 의지하게 하는 내 안에 있는 우상 숭배의 영을 드러나게 하시고 회개를 통해 하나님의 사랑을 부어 주실 것이다.

8장 다양한 우상들을 섬김

다섯 번째 특징: 우상 숭배의 영은 여러 우상들을 섬긴다

그것들에게 절하지 말며 그것들을 섬기지 말라……(신 5:9).

줄지어 선 우상들

사도 바울은 로마 교인들을 향해 이렇게 쓰고 있다. "기록한 바 의
인은 없나니 하나도 없으며 깨닫는 자도 없고 하나님을 찾는 자도 없
고"(롬 3:10~11). 우상 숭배자들은 유일신으로 만족하는 법이 없다.
우리는 하나님 한 분 외에 다른 신이 없음을 알고 있다. 하지만 인간
은 천성적으로 참된 하나님에 대해 잘못 생각하고 있는 경우가 많다.
신명기 5장 9절 "그것들에게 절하지 말며 그것들을 섬기지 말라…"에
서 하나님이 '그것들'이란 복수형을 사용하고 있는 것으로 보아, 우상
숭배의 영에는 탐욕스런 숭배의 욕구가 있음을 알 수 있다. 인간의 본
성은 무엇이 되었든 하나님 아닌 것을 바라보기 때문에, 이내 거기에

싫증을 느끼고 자신의 욕망을 채워 줄 또 다른 것을 찾아다니기 시작한다.

우상 숭배의 영은 본질적으로, 결코 채워질 수 없는 끝없는 욕망을 가지고 있다. 우상 숭배자는 자신이 선택한 피조물에 조각하던 일이 만족스럽지 않을 경우, 더 고분고분하고 조각하기 쉬운 재료를 선택하게 된다. 그리하여 한동안 세워 놓았던 우상은 그 자리에서 내동댕이쳐 버리고, 또 다른 우상을 만드는 것이다. 결과적으로 많은 사람들이 자신의 지나간 과거로부터 지속시켜 온 관계와 사물을 가지고 소위 '우상의 행렬'을 만들어 놓고 있다.

일반적으로 우리들 대부분이 엇비슷한 우상들을 나열시켜 놓고 있다. 유아기 때는, 어머니만을 바라보며 우리가 원하는 때에 원하는 것을 얻고자 했다. 어머니가 우리를 먹여 주시는 것은 하나님이 어머니를 통해서 그의 원하시는 때와 방법을 따라 채워 주시는 것이라는 사실을 어떻게 알 수 있었겠는가? 우리 자신이 우상 숭배자라는 사실을 미처 인식하지 못한 채, 울고, 웃고, 짜증 부리고, 애교도 부리는 등 다양한 긍정적, 부정적 도구를 사용해서 우상을 조각해 왔던 것이다. 그리고 잘 쓰이는 도구는 더욱 잘 갈고 닦고, 별로 이득이 없는 도구는 내버리고 다른 것을 사용했다. 하지만 얼마 지나지 않아서 어머니는 내가 원하는 것에 그리 큰 관심을 두지 않는다는 사실을 깨닫게 되었다. 어머니는 자신이 원하는 때에 자신이 원하는 방법으로 우리에게 다가왔기 때문이다. 따라서 우리는 스스로 자기 안에 우상을 세울 수밖에 없다. 내가 원할 때, 그 원하는 것을 스스로 얻어 내야 하는 책임감 말이다. 시편 115편 3절을 보자. "오직 우리 하나님은 하늘에 계셔서 원하시는 모든 것을 행하셨나이다". 우상 숭배의 영의 영향력 아래서, 인간은 자신이 하나님이며, 자신이 좋아하는 그 어떤 것이라도 행할 수 있을 것이라고 믿는다. 이는 참되신 하나님, 그분을 거부하는 것이다.

나 자신 스스로 인생의 행복을 가져다줄 수 있다고 생각하며, 우리자신을 섬겨 줄 자신만의 우상들을 만들어 놓았다. 부모님들이 그것을 만족시켜 주지 못하면, 곧장 친구들을 향해 눈을 돌렸다. 초등학생 때와 십대 시절 동안에는 아마 반 전체 친구들을 끌로 새겨가며 자신이 응당 받아야 할 관심과 행복을 얻어 내려고 했을 것이다. 하지만 동시에 그 많은 사람들을 조종할 수는 없으므로, 몇 명의 친한 친구들로 한정시켜 행동을 개시했다. 우정의 관계는 그 사람이 나의 조각 행위에 긍정적으로 반응하는가 하지않는가에 따라 결정되었다. 누구든 우리에게 유용한 면이 있고, 또 우리가 원하는 것을 줄 수 있다면 친구로 받아들이지만 불충실하고 약해 보이거나 우리의 욕망과 야망을 만족시켜 주지도 못하는 녀석들은 우상의 명단에서 제외시킨다.

우리는 고등학교 시절까지는, 특별히 선택한 소수 정예의 친구들로 관계를 한정시켰고, 또 더욱 상상력이 풍부하고 환상적인, 영감 있는 우상들을 만들어 내는 데 무척 탁월했다. 여자 아이들의 경우, 자신이 가지고 있는 인생의 비전과 똑같은 비전을 가지고 있는(그 사실에 무척 행복해한다) 듯이 보이는 남자애들을 보면 마음 가득 그들의 우상을 세워 놓는다. 아마도 이전에 보았던 영화나, 노래들, 텔레비전, 하이틴 소설의 내용에 자극받은 낭만의 우상을 가지고 남자애들을 평가했을 것이다. 남자애들의 경우, 자신을 특출나 보이게 하거나 편안하게 해 줄 것 같은 여자애들에게 구애의 눈짓을 보낸다. 십대 시절에는 자신의 단 위에 세워 놓은 포르노의 우상을 기준으로 여자애들을 평가하곤 했다. 이렇듯 물망에 오른 후보자들을 하나 둘씩 단 위에 올렸다가 내동댕이쳤고, 결국에는 숭배할 만한 가치가 있어 보이는 최종적인 승리자와 결혼에 성공하게 된다.

하지만 결혼 생활이 증명해 준 것은 단지 자신이 선택한 그 사람은 숭배의 대상도 아니며, 포르노와 로맨스의 우상과는 전혀 어울리지도 않는다는 사실이었다. 하지만 이러한 깨달음도 우상 숭배의 영을 제지하지는 못했고, 이혼과 재혼만이 그 뒤를 따를 뿐이었다. 안타까운 점은 이렇듯 결혼이 붕괴되는 상황을 교회가 그저 방관하며 허용했다는 점이다. 교회는 이혼을 하는 두 사람이 서로 사랑하는 방법을 몰랐다는 사실이 문제의 근본 원인이라는 점을 인식하지도 못한 채, 이혼자들의 재혼을 주선하는 프로그램만 열심히 진행시켜 온 것이다. 물론 그렇게 새로운 짝을 맺어 주는 것이 나쁜 일은 아니지만, 다만 문제는 그들의 첫 번째 결혼 관계에서 해결해야 할 문제를 해결해 주지 못하고 있다는 것이다. 이렇듯, 실제로 지구상의 많은 사람들이 결혼을 결정하고, 이혼을 서두르며, 재혼을 시도하도록 유혹하는 것은 바로 우상숭배인 것이다.

만약 하나님께서 그의 삶 가운데 환난을 주어서라도 그리스도께로 다시 돌이키게 하고 그의 우상이 무엇인지 드러나게 하는 일을 허락하시지 않는다면, 우상 숭배의 영은 자신의 우상들을 세워 나가는 일을 결단코 포기하지 않을 것이다. 보통 주부들은 자기 뜻대로 하기 쉬운 사랑스러운 어린 자녀들을 향해 우상 숭배의 칼날을 휘두른다. 아이들을 통해 행복과 대리 만족을 얻을 수 있으리라 기대하기 때문이다. 하지만 자식을 통해 만족을 얻는 일에 실망하게 되면, 그 대신 직장 생활을 선택하게 된다.

대체적으로 남편들은 자기 직업을 향해 우상을 새기려 한다. 능력 있는 남성들은 많은 분야에서 자신의 뛰어난 임무 달성과 업무 이행 능력을 드러내면서 상당한 자기 만족을 얻고, 이를 통하여 자기 직업과 고용주를 향해 조각을 새기는 것이다. 여기서 문제가 되는 것은 그 사람들이 가진 동기다. 우리는 자신의 맡은 바를 잘 수행하는, 능력 있는 일꾼이 되도록 부르심을 입은 자들이다. 하지만 그토록 뛰어나게 자신의 임무를 완수하려고 하는 이유는 무엇인가? 하나님께 영광을 돌리기 위해서인가? 자신을 위해 좋은 명성을 얻기 위해서인가?

아니면 만족할 만한 자아상을 세우기 위해서인가? 우리가 행하는 '능력 있는 일'이 정말 하나님 보시기에도 선한 것인지를 결정하는 것은 우리 내면의 동기다.

포르노를 자신의 우상으로 삼은 사람들은 그 안에 계속 심취하며 빠져 나오지 못하고 그 강도를 더해 간다. 포르노를 통해서는 어느 누구에게도 거절당할 위험 없이(단, 아내는 제외. 그가 남편이 세운 포르노의 우상을 알고 있다면 말이다), 쾌락을 탐닉할 수 있기 때문이다. 하지만 포르노의 우상을 인식하게 되는 순간, 가공할 만한 파멸의 돌풍이 몰아치게 된다.

과거에 세워 두었던 우상의 행렬은 그에 따른 처벌을 요구한다. 또한 아무리 새로운 우상을 세워 놓는다고 하더라도, 탐욕적인 생활에 대한 죄책감은 사라지지 않는다. 물론 당장에는 아무런 자책감을 느끼지 못하는 경우도 있지만, 점차적으로 이에 대한 대가를 치르게 된다. 어떤 이는 과거에 있었던 깨어진 관계의 문제들을 인식하기도 하고, 스스로 고립되어 아무에게도 관심의 대상이 되지 못한다는 사실을 깨닫기도 한다. 심은 대로 거둔다는 추수의 법칙이 그대로 적용되기 시작한 것이다.

이러한 우상 숭배의 관계가 자행되는 가운데, 심지어 하나님을 이용하려고 하는 사람들도 있다. 이후, 그들이 지녔던 하나님에 대한 잘못된 생각은, 한 때 떠받들다 버린 수많은 우상들 틈 사이로 내동댕이

쳐지게 된다. 때로는 더 이상 자책감을 느끼고 싶지 않아서 자신이 버렸던 수많은 우상 무더기들을 자신의 생각의 장롱 속에 모조리 쓸어넣고서 문을 굳게 닫아 버린다. 하지만 죽음의 냄새는 그 사람의 삶속 가득 진동하고, 비참한 관계의 함정 속에 빠지게 된다. 어떻게 이런 일이 생겨나는가? 한 분이신 하나님을 경배하고 섬기는 대신 다른 것을 바라보았기 때문이다.

섬김과 경배를 받는 우상

우상을 '경배하는 일'은 어떻게 생겨나게 되는가? 광야에서 사탄의 유혹을 받았을 때에 예수께서 대답하신 말씀을 통하여, 경배에 대한 예수님의 말씀을 볼 수 있다.

> 예수께서 대답하여 가라사대 기록하기를 주 너의 하나님께 경배하고 다만 그를 섬기라 했느니라(눅 4:8).

예수께서는 모든 필요를 하나님께 바라는 것이야말로 하나님을 경배하고 섬기는 진정한 본질임을 이해하셨다. 예수께서는 율법의 명령을 인용하시면서 모든 필요를 하나님의 때에 공급받기를 간구했던 그 때에, 예수께서 하나님을 진정으로 경배하고 섬겼다는 사실을 보여주셨다.

이와 마찬가지로, 하나님만이 공급하실 수 있는 것을 어느 누군가로부터 채움받기를 바라며 그 사람을 우상화하는 것은, 그를 경배하고 섬기는 대상으로 받드는 것이다. 예를 들어, 어느 젊은 남성이 젊은 여성으로부터 무언가를 얻고자 할 때면, 자신도 모르게 그 여성을 기쁘게 해 줄 수 있는 방법을 간구하게 된다. 그녀가 원하는 것이면 무엇이든지 마다하지 않는다! 자신의 이기적인 목표를 위해 그녀를 이용하기 원하는 한, 자신을 비참하고 분노하게 만들 수 있는 능력까지 그녀에게 넘겨 주게 된다. 실질적으로 그녀는 그 남자의 인생의 주인이 되고, 그는 그 여자의 종이 되고 만다. 그는 자신이 원하는 것을 얻지 못하게 될 것을 두려워한 나머지 감히 그녀의 소원을 무심히 지나치지 못한다. 이러한 역학 관계는 우상과 이를 섬기는 사람들 사이에 흔히 나타나는 현상이다. 우상을 섬기는 자는 결국 우상의 노예가 되는 것이다.

이러한 식의 우상 숭배는 결혼 생활에서도 자주 발생한다. 제프와 잰은 두 사람 다 비참한 지경에 이를 만큼 관계가 악화되자 상담을 의뢰했다. 그들은 자신들이 얼마나 서로에 대해 불만족스러워하는지 그리고 자신들의 관계가 얼마나 공허해졌는지 열심히 설명했지만, 그것이 자신들의 우상 숭배적 관계의 열매를 증거하고 있다는 사실을 이해하지 못했다. 서로 상대방이 행복과 안락함을 줄 것이라 기대하면서, 자신을 비참하게 만들 수 있는 능력까지 서로에게 허용해 버린 것이다. 그들 부부의 근본적인 문제는 서로를 숭배한다는 점이었다!

우리를 행복하게 해 줄 누군가를 찾아 다니는 것은 우리를 통제할 수 있는 강력한 위치로 그 사람을 배치시키는 것과 마찬가지다. 그들의 즐거움과 욕구는 그저 우리의 즐거움과 욕구를 충분히 만족시키기 위한 우리의 노력의 대상이 될 뿐이다. 자신의 유익을 목적으로 기꺼이 섬겨 주고 즐겁게 해 주는 것이다. 만약 그들을 섬겨 주는 그 일 (긍정적인 조각 도구)이 어느 정도 성공을 거두면, 우리는 마냥 기뻐하게 된다. 이런 단계는 보통 데이트 기간이나 관계의 첫 시작 즈음에서 일어난다. 하지만 우리의 우상이 더 이상 호의적인 반응을 보이지 않거나 오히려 이를 이용하여 자기 이익을 챙기면서 더욱 숭배받고 섬김을 받기를 요구하기 시작한다면, 단단히 주의해야 할 것이다. 그때, 우리는 비참한 상처의 수렁으로 곤두박칠치며 우리를 이용하는 이들을 증오하기 시작하고, 그러면서부터 부정적인 조각의 도구들을 품 속에서 끄집어내기 시작한다. 그들이 나를 사랑하지 않는다고 느끼기에, 그들을 무시하게 되는 것이다. 만약 그들이 우리를 사랑해 준다면, 그것은 당연하다는 듯 합리화해 버린다. 우상 숭배의 영에 완전히 속아 넘어간 나머지, 우리 자신의 행동과 생각이 모두 정당한 것이라 생각한다. 그러나 실상 우리는 비참한 상황에 빠진 것이며, 그들을 우상화시킴으로써 자신을 비참하게 만들 수 있는 힘을 모조리 양도해 버린 것이다.

시간이 흐른 뒤 우리 자신을 통제하는 권세를 맘대로 양도해 버린 자신을 무척이나 혐오스러워하게 된다. 수많은 우상들을 사용하면서, 그들을 숭배하고 섬겨온 자신의 생활 모습에 대해 비참함과 죄책감을 느끼는 때가 되면, 우리는 우상 숭배의 영을 탓하는 것이 아니라, 자신의 형편없는 선택을 한탄한다. 문제의 근본적인 원인을 다루는 대신, 더욱 자기 방어적인 행동을 취하며 다른 사람들에 대한 신뢰를 접는 것이다. 사람들과의 관계나 결혼 생활이 완전히 깨지고 난 후, 이렇게 말하기까지 한다. "다시는 나에게 이런 일이 일어나지 못하게 하겠어."

하지만 그 일은 또 다시 반복되고야 만다! 하나님 외에 다른 사람을 섬기고 경배했던 사실을 회개하지 않는 이상, 그런 일은 몇 번이고 반복될 것이다. 평안하고 풍성한 삶을 회복할 수 있는 희망은 단 한 가지뿐이다. 가장 거대한 우상인 우리 자신을 기쁘게 하기 위해 살았던 삶과 이들을 우상화함으로써 생겨났던 모든 파괴된 관계와 상처에 대해 책임을 지는 것이다. 우리 자신의 우상 숭배의 죄를 하나님 앞에 고백하고, 우리가 우상화했던 사람들에 대해 고백하게 될 때, 영광스러운 자유와 평안이 찾아오게 된다. 그렇다고 과거에 지나간 모든 일들을 낱낱이 다 찾아내라는 말은 아니고, 구체적인 이름과 사물을 언급하며 그러한 습관의 유형을 하나님 앞에서 고백하라는 의미다. 그런 후, 현재에 그러한 우상의 관계에 있는 사람들을 하나씩 생각해 보

라. 대부분은 부모님과 배우자(또는 한때 배우자였던 사람)와 자녀들을 떠올리며 회개하고자 할 것이다. 우리를 모든 죄에서 씻기시는 예수 그리스도의 피의 능력으로 인해 하나님을 찬양하라. 예수께서 대속물로 흘리신 피로 하나님과 화평을 얻고 관계의 근본적인 치유를 얻게 될 것이다.

우리 부부는 현재 두 사람의 관계뿐 아니라, 과거의 관계들 가운데서 범했던 우상 숭배의 죄를 고백했고, 그 이후 결혼 생활에서 놀라운 회복과 부흥을 경험하게 되었다. 우리의 양심은 이제 어디에 대고 회개해야 할지 몰라, 힘겹게 애써야 할 필요가 없어졌다. 하나님은 우리가 자신의 인생뿐 아니라, 타인의 인생까지 망쳐 놓았던 것에 대해 우리의 마음을 깨뜨려 놓으셨다. 우리는 사랑하는 방법을 몰랐던 것이다. 우리가 어린 시절과 청소년 시절, 청년 시절 동안 맺어온 우상 숭배적 관계에 대해 고백했을 때 참으로 영광스러운 자유가 우리 가운데 찾아왔다. 그리스도의 십자가를 통하여, 우리의 양심은 하나님의 은혜로 깨끗이 씻기었으며, 우리의 결혼 생활과 자녀들과의 관계에 대하여 새로운 비전을 갖게 되었다. 또한 우리가 서로를 자유롭게 놓아 주었을 때, 각자 개인적인 모습으로 하나님의 용서를 경험하게 되었다. 우리가 자녀들을 위해 기도하고 공개적으로 우리 죄를 고백하면서 그들에 대한 우상 숭배적 기대감들을 제거해 버리고 자유롭게 풀어 주었을 때, 우리의 죄악으로 인해 생겼던 상처와 쓴뿌리들은 치유되었고, 새로운 사랑이 우리 가정 안으로 스며들었다. 이러한 과정은 매일 계속되었다.

예수께서는 이 세상에 계실 때 그 누구에게도 상처를 남기기 않으셨고, 오히려 사람들을 치유하며 변화시키셨다. 예수님으로부터 통제받아 상처를 입은 우상들이란 결코 찾아볼 수 없었다. 또한 예수께서도 아버지 하나님 외에 다른 어떤 사람의 조종도 받은 적이 없다. 인간을 두려워한 것이 아니라 하나님을 경외했던 분이다. 예수님은 모든 사람과의 만남과 관계를 하나님의 뜻으로 받아들이셨기 때문에 그들을 사랑의 관점으로 바라보실 수 있었다. 예수께서 자신에 대해 다음과 같이 말씀하셨다.

> 이에 예수께서 가라사대 너희는 인자를 든 후에 내가 그인 줄을 알고 또 내가 스스로 아무것도 하지 아니하고 오직 아버지께서 가르치신 대로 이런 것을 말하는 줄도 알리라 나를 보내신 이가 나와 함께 하시도다 내가 항상 그의 기뻐하시는 일을 행하므로 나를 혼자 두지 아니하셨느니라(요 8:28~29).

사도 바울 역시, 사람들보다는 하나님을 기쁘시게 하며 사는 것에 대해 확고한 생각을 가지고 있었다. 그가 지녔던 담대함은 우상 숭배의 이유로 그를 조종한 사람이 없었다는 사실을 잘 증거해 준다. 예수 그리스도와 우상을 동시에 함께 섬길 수는 없다(갈 1:10).

자신의 삶이 그토록 비참한 관계들로 이루어져 있는 근본적인 이유를 깨달았을 때의 자유함을 상상할 수 있겠는가? 당신도 한번 시도해 보라! 그 결과 놀라운 영적인 성장을 맛보게 될 것이다. 하나님만이 받으셔야 할 경배와 섬김을 그분께 다시 돌려드리는 것보다 중요한 일은 없다. 시편 130편의 저자는 하나님을 아는 모든 사람들을 향해 그렇게 선포하고 있다.

> 이스라엘아 여호와를 바랄지어다 여호와께는 인자하심과 풍성한 구속이 있음이라 저가 이스라엘을 그 모든 죄악에서 구속하시리로다(시 130:7~8).

하나님은 사람들보다 그를 더욱 경외하는 예배자를 찾고 계신다. 하나님의 백성들은 하나님만을 거룩하신 분으로 섬기고 오직 그분만을 의뢰해야 한다. 사도 바울은 데살로니가 교인들에게 예수께서 말씀하신 바를 따라 그들의 우상 숭배에서 돌이킬 것을 명백히 촉구하고 있다(살전 1: 8~10).

지나간 시절 동안 계속해서 세워 놓았던 우상의 행렬에 대해 책임을 져 본 적이 있는가? 나는 여러분들이 자신의 지나온 과거를 회상하며 상처받고 내팽개쳐진 우상들을 돌아보기를 원한다. 그런 작업은 매우 끔찍하기 짝이 없다. 우리의 '기만적이고 절망적인' 마음 가운데 하나님의 밝은 빛을 비추시도록 하는 작업이기 때문이다. 하지만 그런 과정을 거치지 않는다면, 우상 숭배에 대한 죄책감과 사랑할 수 없는 무기력함으로 인해 늘 하나님으로부터 분리되었다는 느낌에 짓눌려 살아가는 수밖에 다른 선택이 없다.

　우상 숭배의 영은 여러 다양한 우상들을 섬긴다. 하지만 사랑의 영은 오직 하나님만을 바라본다. 나는 여러분들이 잠시 시간을 내어 기도하면서, 지난 수년간 보아왔던 사람들의 이름을 적어 보기를 바란다. 그런 후, 한 사람 한 사람씩을 떠올리며 하나님께 용서를 구하고 당신이 상처 입힌 사람들을 치유해 주시길 기도하라. 그리고 그들이 당신에게 하나님의 역할을 해야 하는 모든 부담감으로부터 자유하게 해 주라. 당신이 우상에서 눈을 돌려 살아 계신 참 하나님을 섬기게 될 때, 모든 깨어진 관계를 회복시키시고 치유해 주시는 하나님의 능력을 체험하길 바란다.

9장 스스로 번식하는 우상 숭배의 영

여섯 번째 특징: 우상 숭배의 영은 자가 번식을 거듭한다

그것들에게 절하지 말며 그것들을 섬기지 말라 나 여호와 너의 하나님은 질투하는 하나님인즉 나를 미워하는 자의 죄를 갚되 아비로부터 아들에 게로 삼 사대까지 이르게 하거니와(신 5:9).

자가 번식을 거듭하는 우상 숭배의 영

어린 시절을 회상해 보면, 옛날 영화나 소설 등에서 본 듯한 '거품 모양의' 물체를 떠올리게 된다. 이야기를 모두 기억할 수는 없지만, 내 기억 속에 분명하게 남아 있는 것은 이 '거품' 같이 생긴 것들이 점 점 커져서 길 위에 있던 모든 것들을 파괴시켜 버리는 장면이다. 그 거품들을 생각할 때마다 우상 숭배의 영이 연상된다. 우상 숭배는 자 신의 삶에 있는 모든 것을 파괴시킬 때까지 성장을 거듭하고 끊임없 이 번식한다.

하나님이 우상숭배를 하는 자기 백성들을 질투하시고 심판하신다는 사실에 나는 감사한다. 일반적으로 우리는 하나님의 심판에 대해서 생각할 때 징계와 형벌만을 떠올리지만 하나님의 심판에는 또 다른 면이 있어서, 우리의 삶 가운데에 있는 죄를 보고서도 그냥 심판을 미루시는 경우도 있다. 그런 후, 하나님의 심판이 진실되다는 사실을 보여 주기 위해 우리가 미처 깨닫지 못하고 있는 죄 가운데 우리를 그냥 내버려 두신다. 하나님께서는 인간의 영혼 가운데 드러내지 않고 회개하지 않은 채 묻혀 있는 우상 숭배의 죄가 있을 때, 그 죄가 스스로 번식하여 결국 영혼을 파괴시키기까지 한다는 사실을 잘 알고 계신다. 그리고 우상 숭배의 영은 자기 본색을 드러낼 수 있는 기회를 결코 놓치지 않는다. 로마서 1장 22~32절에는 우상 숭배의 원인과 그로 인한 결과들을 언급함으로써 우상 숭배의 영에 대한 번식의 과정을 잘 설명하고 있다.

여기에 나열된 죄들은 우상 숭배의 '허상'으로부터 흘러 나온 몇 가지 예에 지나지 않는다. 골로새서에서 바울은 음란과 부정과 사욕, 악한 정욕, 탐심을 우상 숭배와 같은 것으로 여겼다(골 3:5). 우리가 우상 숭배의 영에 조금이라도 틈을 주게 되면, 그 죄는 금새 우리를 잠식하고 만다.

심은 대로 거두는 추수의 법칙에 따라, 일단 우상 숭배의 씨앗이 뿌려지게 되면, 우상 숭배자는 우상 숭배와 더불어 수십 배의 사악함을 추수하게 된다. 우상 숭배를 심어 놓으면 얼마 후 수백 배로 거두게 되는 것이다. "스스로 속이지 말라 하나님은 업신여김을 받지 아니하시나니 사람이 무엇으로 심든지 그대로 거두리라 자기의 육체를 위하여 심는자는 육체로부터 썩어질 것을 거두고 성령을 위하여 심는자는 성령으로부터 영생을 거두리라"(갈 6:7~8).

허상의 속성을 분명히 알아 두라! 우상을 숭배하는 그 한 사람의 삶에만 사악한 죄악을 번식시키는 것이 아니다.

다음 세대에서도 계속되는 우상 숭배의 영

하나님께서는 아비의 죄악을 자식들, 그 다음 자손에게까지 갚아 주신다고 말씀하신다(신 5:9). 우상 숭배와 사랑할 능력이 없는 죄악으로 인해 한 가문 전체에 미칠 심각한 경고를 주의해 보라. 자녀들은 부모들을 본보기로 삼아 배우기 마련이다. 자녀들은 우상 숭배하며 하나님의 사랑을 실천하지 않는 부모들의 모습을 보면서, 이를 그대로 모방하면서 살아간다. 부모들이 자신을 우상화하고, 상대 배우자를 우상화하며, 자녀들과 목사님, 직업 그리고 수천 가지의 사물들과 사람들을 우상화할 때, 부모들은 자녀들이 이들의 실체를 가늠할 수 있는 영적인 분별력을 가질 수 없게 만든다. 이렇게 자녀들은 자라가면서 부모의 행동을 그대로 따라 하게 되고, 그들 안에 있는 우상 숭배의 영은 영화에 나오는 허상처럼 주변의 모든 것을 닥치는 대로 삼켜 버린다.

이와 같이 아이들이 부모와 똑같이 우상 숭배의 행위를 하는 것을 보면서 부모들이 마음으로 동조한다면, 부모가 일생 동안 행해 왔던 우상 숭배는 그 다음 세대로 전해지고 만다. 부모들은 이것이 죄인 줄도 모르기 때문에 자녀들에게 더욱 장려하는 것이다. 자기 삶에서도 그러한 행동을 무차별적으로 받아들이는데, 하물며 자식들이 그와 같이 한다고 해서 비난할 수 있겠는가? 그들은 자녀들에게 자신이 기분 좋게 대접받고자 한다면, 남들에게도 기분 좋은 대우를 해 줘야 한다고 가르친다. 부모로부터 집 안의 가제도구 사용 법을 배우는 것처럼 자녀들은 부모에게서 긍정적이고 부정적인 조각 도구를 사용하는 법을 배우는 것이다. 그들은 그러한 도구들이 어떻게 사용되는지 잘 보고 있다가, 나중에는 자신이 직접 시도해 본다.

여러분의 가족은 어떠한가? 당신의 자녀들 안에 우상 숭배의 영이 있다는 조짐이 보이는가? 그들은 당신과 자기 형제자매들에게 조각을 새겨 나가고 있는가? 아니면 당신이 그들에게 새기고 있는가? 여러분에게 장성한 자녀들이 있다면, 그들이 혹시 사랑하는 법을 몰라서 결혼 생활과 가정 생활에 파경을 맞은 경우는 없는가? 만약 그렇다면, 우상 숭배의 영의 여섯 번째 특징이 무엇인지 그 실체를 밝히 보여 주는 셈이다.

우리가 사랑하는 법을 배우기 위해 먼저 알아야 할 것은 하나님이 질투의 하나님이라는 사실이다. 하나님은 우리가 필요한 모든 것을 얻기 위해 오직 하나님만 바라보며, 그분께 감사하라고 명령하셨다. 하나님은 우리의 삶 가운데 힘겨운 관계와 상황을 허락하심으로써, 우리에게는 하나님을 바랄 만한 아무 능력도 소망도 없다는 사실을 끊임없이 드러내 주신다. 하나님은 우리의 모습이 예수 그리스도와 닮아 가도록 하기 위해 모든 것을 공급하신다.

우리가 하나님을 대신하여 다른 것을 바라볼 때, 하나님은 그 사실을 방관하거나 모른 척하시지 않는다. 오히려 질투심을 발하시고, 분노를 쏟아 부으신다. 로마서 1장 18절에서, 하나님은 죄악에 대해 확고한 반대 입장을 표명하신다. "하나님의 진노가 불의로 진리를 막는 사람들의 모든 경건치 않음과 불의에 대하여 하늘로 좇아 나타나나니". 만약 하나님께서 우리의 죄를 방관하신다면, 인간은 정의가 하늘을 다스리고 또 장차 이 땅도 다스리게 될 것이란 사실에 대해 전혀 확신을 가질 수 없을 것이며, 우리 자신에게 필요한 의로움조차도 깨달을 수 없을 것이다.

우리가 하나님의 자녀임이 분명하다면, 사랑하는 법을 가르치기 위해 하나님의 징계가 따를 것이다. 하나님은 우리가 우상 숭배의 죄를 회개해야 한다는 것을 보여 주시기 위해, 하나님이 부어 주실 사랑의 은혜를 잠시 보류하신다. 히브리서의 저자는 "내 아들아 주의 징계하심을 경히 여기지 말며 그에게 꾸지람을 받을 때에 낙심하지 말라 주께서 그 사랑하시는 자를 징계하시고 그의 받으시는 이들마다 채찍질하심이니라 했으니" 이와 같은 내용을 12장 5~17절에 걸쳐 보여 주고 있다.

여기서 말하는 징계라는 것은 훈련에 가까운 의미이지 형벌이 아니다. 모든 자녀들이 그러하듯, 우리도 하나님을 신뢰하며 그분의 '능력의 말씀'으로 모든 것이 운행되어진다는 사실을 믿는 훈련을 받을 필요가 있다(히 1:3). 우상 숭배는 하나님을 불신하는 곳에서 시작되는 법이다. 우리의 마음이 불신앙에 사로잡힐 때(히브리서 12장 1절에, '얽매이기 쉬운' 죄라고 언급되어 있다), 더욱 훈련받고 가르침을 받아야 한다. 우리가 가야할 길에서 어느 정도 벗어났으며, 예수 그리스도 외에 다른 사람을 향해 우리의 눈을 고정시켰던 때는 언제인지 살펴볼 필요가 있다.

오직 하나님은 우리의 유익을 위하여 그의 거룩하심에 참예케 하시느니라 무릇 징계가 당시에는 즐거워 보이지 않고 슬퍼 보이나 후에 그로 말미암아 연단한 자에게는 의의 평강한 열매를 맺나니(히 12:10~11).

얼마나 맞는 말인가! 하나님께서 우리의 삶 가운데 누군가를 보내어 우리 안에 있는 우상 숭배의 영을 공개적으로 드러내도록 하신다면, 분명 그 과정은 우리에게 그리 즐거운 시간이 되지는 않을 것이다. 인간은 하나님에 대한 불신앙과 우상 숭배를 회개할 기회를 찾기보다는, 괴로운 관계를 회피하고 자신의 우상을 더욱 깊이 새기고자 한다. 더욱이 자신의 인생을 뒤죽박죽 만들어 놓은 것에 대해 쓴뿌리를 키워 가는 경향이 있다. 하나님의 훈련이 끝나기까지 인내하는 것이 필요하지만 우리는 그것이 하나님의 의도인지도 알지 못한다. 우리는 위의 성경말씀을 통해 용기를 얻을 필요가 있다, 그렇지 않은가?

하나님 아버지의 훈련을 통과하게 되면 의로움의 평화로운 열매인 영광스러운 결실을 맺게 된다. 더 이상 무엇인가를 소유하기 위한 삶을 살지 않아도 된다면 우리의 삶은 평안할 수밖에 없다. 당신이 하나님을 믿으며, 또한 하나님은 언제나 당신이 예수 그리스도를 바라며 그 형상을 닮아 갈 수 있기까지 필요한 것들을 공급하신다는 사실을 신뢰할 때, 초자연적이며 영원한 평강을 누리게 될 것이다. 이 평강은 세상이 줄 수도 없고 빼앗을 수도 없는 것이다. 당신도 지금 이러한 훈련을 받고 있는가?

성경은 야곱이란 인물이 진실을 묵과하고, 하나님과 씨름하다가 절름발이가 된 사람임을 명확히 보여 준다. 우리는 보통 우리의 인생을 비참하게 만드는 사람이나, 우리의 평안이나 행복을 방해하는 그 상황이 문제라고 생각한다. 하지만 사실상 문제는 하나님만을 경배하고 섬기려고 하지 않는 우리 자신에게 있다. 우리는 하나님께서 우리를 정결하게 하시고, 우리 안에 있는 모든 불신앙과 우상 숭배를 제거하시려는 목표를 확고하게 세워 두셨다는 사실을 깨닫지 못하는 경우가 많다. 우리의 삶을 통해 하나님을 영화롭게 하기 위해서는 거절하기보다는 그리스도께 굴복하며, 하나님께서 우리의 삶 가운데 행하고자 하는 것에 자신을 내어드려야 한다. 하나님과 씨름하며 매달리는 대신(분명히 상처만 남게 된다), 하나님의 목적에 자신을 굴복시킬 필요가 있다.

히브리서의 주 요점은 오직 하나님 한 분만이 계신다는 것과 예수 그리스도는 하나님의 영광의 광채라는 것을 믿어야 한다는 것이다. 우리는 예수께서 하늘로 올라가서서, 하나님의 보좌 우편에 좌정하셨고, 그곳에서 능력의 말씀으로 모든 만물을 다스린다는 사실을 알고 있다. 예수 그리스도께서 하나님이신 것과 모든 만물의 근원이 되심을 믿지 않을 때, 하나님만이 우리의 유일한 공급자이심을 신뢰할 수 없게 된다. 우리는 우상 숭배에 깊이 빠져서, 우리에게 주시는 하나님의 말씀이 예수 그리스도에 관한 것이라는 사실을 믿지 않는다.

결과적으로, 히브리서 12장에 언급된 쓴뿌리와 부도덕함은 모두 우상 숭배에서 기인한 것임을 알 수 있다. 하나님을 믿지 않기 때문에 우상 숭배의 죄가 생겨났고, 또한 이로 인해 어려운 상황과 관계에서도 거룩함의 옷을 입고 평안을 주시는 하나님의 은혜를 받을 수 없게 된 것이다. 우리의 관계와 개인의 실패들, 비극적인 사고, 질병, 죽음을 통제하시는 하나님의 능력에 대해 당신은 어떻게 생각하는가?

하나님을 왜곡시키는 우상숭배의 영

> 이는 만물이 주에게서 나오고 주로 말미암고 주에게로 돌아감이라 영광
> 이 그에게 세세에 있으리로다 아멘(롬 11:36).

하나님께서 주신 모든 것은 우리가 그리스도를 닮도록 하기 위한
것임을 믿는가? 오늘날 성경을 믿는다고 말하는 많은 이들이 실상은
이 말씀을 믿지 않고 있는 모습을 많이 보아왔다. 오늘날 교회에 속한
교인들 대다수가 하나님에 대해 잘못된 시각을 가지고 있다. 하나님
의 주권과 인간을 향한 목적은 은폐되고, 이기적인 인간의 마음속에
서 믿어지고 받아들일 수 있는 수준의 하나님으로 재해석되었기 때
문이다. 하나님에 대한 잘못된 시각 가운데 가장 특이할 만한 것은 하
나님은 나에게 내려진 비극과 고통에 대해 아무런 응답이 없으시고,
심지어 다른 '선한 그리스도인'들에게조차 응답하시지 않는다는 것이
다(그렇지만 하나님이 진정 하나님이시라면, 그 모든 것을 사전에 막
아 주실 것임을 안다). 하나님을 이렇게 오해하며 믿게 되면 일이 제
대로 되어 가지 않는 경우, 눈에 드러나지는 않지만 차츰 하나님을 향
해 쓴 마음을 품게 되고, 결국 더 심각한 우상 숭배에 빠지게 된다.

예를 들어, 어느 젊은 남녀가 시골의 구불구불한 언덕 길을 따라 드라이브를 즐기고 있다고 가정해보자. 하늘은 맑고 햇살은 화창한 날, 향긋이 날리는 들풀의 향기, 화려한 푸른 빛으로 갈아입은 나무들, 아름다운 그녀의 얼굴 그리고 그녀와의 재미있는 대화가 그의 마음을 사로잡았다. 대화하는 데에 온통 정신을 쏟고 있던 그 시간, 그들은 다음 번의 굽어진 도로 변으로 철로가 지나간다는 사실은 전혀 알지 못한 채 달리고 있었다. 그런데 철로까지 약 50미터쯤 남은 지점을 지날 때, 갑자기 사슴 한 마리가 나무 덤불 사이에서 뛰어나왔다. 그 청년은 황급히 브레이크를 밟았고, 가까스로 사슴을 피해 철로변 1.5미터 지점에서 멈추었다. 그와 동시에 건널목 보호 장치도 없는 철로 위로 화물 열차가 무서운 속도로 그 앞을 스쳐 지나갔다. 이 젊은 남녀는 놀라움에 질려 우레 같은 소리로 달려가는 열차를 쳐다보고만 있었다. 기차 소리에 놀라 튀어나온 사슴을 피하느라 브레이크를 밟지 않았다면, 틀림없이 기차와 충돌하고 말았을 것이다!

이러한 사건을 두고 세 가지 해석을 내릴 수 있는데 이를 통해 그 사람이 가진 하나님에 대한 이해를 볼 수 있다. 첫 번째, 믿지 않는 사람이었다면 이렇게 말했을 것이다. "야! 내가 억세게 운이 좋았구만!" 두 번째, 현대의 인본주의적 생각을 가진 교인이라면 이렇게 말했을 것이다. "오! 할렐루야! 사탄이 기차로 나를 죽이려 한 걸 아시고, 하나님이 기차로 사슴을 놀래켜서 나를 구하셨군요. 하나님은 우리에게 나쁜 일이 일어나기를 원하지 않으셔요, 우리를 사랑하시니까요. 그래서 우리를 죽음에서 건지신 거지요!" 셋째, 성경이 말하는 진정한 하나님을 깨닫기 시작한 사람들이라면 이렇게 말했을 것이다. "할렐루야! 감사해요, 주님. 당신은 나와 내 여자친구, 내 차와 기차, 사슴 모두를 주관하는 분이십니다. 모든 사건을 통제하시고 허락하시는 주님께서 당신의 모습을 우리에게 계시하셔서, 더욱 깊이 있는 교제를 나눌 수 있게 하시는군요. 하나님께서 때마다 나의 호흡을 주관하신다는 사실을 다시금 기억하게 하시니 감사합니다. 모든 일에 영광을 받으시옵소서. 주님, 당신의 크신 긍휼에 감사드립니다."

만일 당신이 두 번째 견해에 동조하는 편이라면, 점차 하나님에 대한 쓴뿌리를 다뤄야 할 때가 올 것이다. 비극적인 충돌 사고가 일어나고 불행한 결과가 발생한다면 과연 어떻게 생각할 것인가? 사탄이 승리한 것인가? 당신은 예수 그리스도를 영화롭게 하고, 그의 백성들 안에 있는 믿음을 완성시키기 위해서 하나님께서 모든 것을 통제하고 계신다는 사실을 결코 이해하지 못할 것이다. 하나님이 당신과 당신의 가족, 친지들을 안전하고 편안하게 지켜 주지 않는다고 생각할 때마다, 당신은 하나님을 향해 분노를 느끼게 될 것이다. 아마 당신은 하나님의 자녀임에도 불구하고 왜 사탄에게 완패를 당했는지 당혹스러워할 것이다. 이런 식으로 느낀 적이 있었는가? 이 모든 느낌들은 당신이 모든 사건(그리고 모든 만물)을 주관하시고, 당신을 창조하신 하나님의 목적에 대해 잘못된 생각을 가지고 있기 때문에 일어나는 것이다.

우상 숭배의 영이 하나님에 대한 우리의 시각을 왜곡시킴으로써, 우리의 삶을 끊임없이 장악해 가고 있다. 또한 우리들은 부모나 사역자로서 하나님에 대한 잘못된 시각을 자녀들과 훈련생들에게 가르치게 되어서, 결국 그들도 우상 숭배의 영의 영향력 아래에서 잘못된 것을 믿게 된다.

원치 않는 손님

당신 스스로의 힘으로는 사랑할 능력이 없음을 깨닫게 될 때, 아마 우상 숭배의 영이 보내는 '초청'을 경험하게 될 것이다. 이 '초청'이란 신명기 5장에 나와 있는 심판을 의미한다. 하나님은 우리의 마음속에 있는 우상 숭배를 보시고 이를 심판하신다. 하나님의 심판은 우리를 우상 숭배의 힘에 내어 주어, 우리가 회개해야 한다는 사실을 깨닫게 하는 것이다. 사실 이것은 우리의 영혼 속에 초대하고 싶어 하는 종류의 '손님'은 아닌 것이다!

당신이 누군가에게 분노를 폭발하며 그 사람들이 당신에게 저질렀던 죄를 후회하게 만들려는 의도로 그것을 지적하며 강요할 때, 당신이 가진 사랑의 능력은 제한되며, 당신은 우상 숭배의 '초청'을 받게 된다. 당신을 불행하게 했다는 이유로 다른 사람을 비난하는 대신, 당신의 삶 속에 어떤 식으로 우상 숭배가 들어오게 되었는지 직시하라. 이러한 관계 속에서, 어떠한 행동과 생각을 통해 당신 안에 우상 숭배의 발판을 세워 두게 되었는가?

히브리서 기자가 히브리서 12장 17절에서 증언한 것처럼, 에서는 회개할 기회조차 얻을 수 없었지만 여러분의 상황은 그보다 훨씬 낫다고 확신한다. 당신이 이 책을 손에 쥐고 있다는 사실만으로도 에서가 처했던 속수무책의 상황과 같은 환경에 빠져들지 않았음을 알 수 있다. 지금의 어려운 관계를 필사적으로 풀어 가고자 하는가? 당신이 우상 숭배의 죄를 회개할 기회를 얻고 예수 그리스도를 모든 것의 공급자로 의지할 때, 사랑할 수 있는 힘을 얻게 된다. 지금의 어려운 상황에서도 하나님의 은혜를 체험하고 당신을 통하여 하나님의 은혜가 홍수와 같이 흘러 넘치기 바란다.

이와같은 모든 내용도 하나님의 약속의 말씀이 없다면 아무 소용이 없을 것이다. 신명기 5장 10~11절과 성경의 다른 많은 부분에서도 하나님이 약속하고 계신다. 비록 우리는 앞으로도 계속 하나님 앞에 나아가 우상 숭배의 죄를 고백해야 되겠지만 예수 그리스도께서 십자가 위에서 대속의 제물이 되셨으므로 이미 죄의 모든 권세를 무력화시키셨다는 사실을 우리는 알고 있다. 우리의 옛 모습은 그리스도와 함께 십자가에 못 박혔고, 더 이상 죄의 노예가 될 수 없다는 사실(롬 6:6)을 알게 될 때, 우리는 큰 소망을 가질 수 있다. 예수 그리스도의 피만이 우리를 모든 죄와 불법에서 깨끗케 하실 수 있다.

또한 하나님은 질투의 하나님이시고 우상 숭배의 죄악을 심판하시지만, "나를 사랑하고 내 계명을 지키는 자에게는 천대까지 은혜를 베푸느니라 너는 너의 하나님 여호와의 이름을 망령되이 일컫지 말라 나 여호와는 나의 이름을 망령되이 일컫는 자를 죄 없는 줄로 인정치 아니하리라"(신 5:10~11)고 하셨다. 예수께서 우리의 죄를 위해 죽임을 당하셨다는 사실을 자신의 삶 속에 적용하지 않는 것은, 여호와의 이름을 망령되이 일컫는 것이다. 또한 왜 어떤 이들은 여호와의 이름을 자기 자신을 위해 취하는가? 하나님께 영광 돌리지 않기 위해 그가 주시는 용서와 은혜를 거부하는 것인가?

우상 숭배는 죄악이며, 여러 세대를 거슬러 그 파괴의 힘을 발휘하기 때문에, 당신 자신을 위해서만 은혜를 간구하지 말고 앞서 간 선조들에게도 은혜를 부어 주실 것을 간구해야 한다. 에스라 시대의 이스라엘 민족들이 여호와 하나님 앞에 자기 조상들의 죄악도 고백했던 것처럼, 당신도 우상 숭배의 죄악을 끊어 주시고 용서해 주시기를 하나님께 간구할 수 있을 것이다.

10장 사랑과 미움의 이중주

일곱 번째 특징: 우상 숭배의 영은 애증의 관계를 만든다

그것들에게 절하지 말며 그것들을 섬기지 말라 나 여호와 너의 하나님은 질투하는 하나님인즉 나를 미워하는 자의 죄를 갚되 아비로부터 아들에게로 삼 사대까지 이르게 하거니와(신 5:9).

하나님을 향한 증오

누군가를 사랑한다고 느끼지만, 동시에 그 사람을 미워한 적이 있는가? 어느 주부는 자기 남편에 대해 이렇게 말했다. "남편을 사랑하지만 그를 증오합니다." 그녀는 남편 없이는 살 수 없다고 느꼈지만, 그와 함께 살 수는 없었던 것이다!

이러한 애증의 관계는 우상 숭배적인 관계가 무엇인지 잘 보여 준다. 하나님을 자신의 보호와 안락과 일시적 축복을 주는 존재로만 바라보는 사람이 어떻게 하나님을 진정으로 사랑할 수 있겠는가? 하나

님의 자녀들은 하나님께서 자신을 모든 죄악에서 보호하시고, 고통에서 건지시며, 일용할 양식 등 여러 가지를 주시기를 바란다. 하지만 우상 숭배자들은 "주여, 당신의 뜻이라면 나에게 고통을 허락하시고, 후에는 나에게 은혜를 주소서", 또는 "주여, 나의 모든 상황에서 높임을 받으소서"라는 식으로 기도하지 않는다. 자기 유익을 위해 사람들로부터 얻으려고만 하는 사람이 어떻게 예수 그리스도의 사랑을 그들에게 전해 줄 수 있겠는가? 제7장에서도 살펴보았듯이, 다른 사람을 이용해 나의 필요를 채우려고 하는 것은, 오히려 그들의 증오를 불러 일으켜 나 자신을 비참하게 만드는 것과 같다.

논쟁의 여지는 많겠지만, 과거 175년 동안 교회 안에 팽배했던 거짓 복음이야말로 하나님을 증오하도록 사람들의 마음을 자극시킨 가장 큰 주범일 것이다. 인본주의적 영향력이 하나님의 목적과 구원의 의미를 퇴색시켜, 오늘날의 교회들은 사람이 중심이 되고, 사람이 영광을 받는 '결단의 시간'(회심자들을 강대상 앞으로 나오도록 하는 것)의 형식을 행하게 되었고, 이를 통해 사람들은 그들의 모든 소원을 모두 들어 주는 마음씨 좋은 신의 모습을 연상하게 되었다.

그리스도를 영접하라는 초청의 말씀을 듣는 순간 우상 숭배자들은 어떤 것을 떠올리게 되는가? "하나님은 당신을 사랑하시며, 당신의 인생에 놀라운 계획을 가지고 계십니다" 라든가, "예수께로 나오십시오. 당신 인생의 최고의 것을 주실 것입니다." 또는, "예수님을 믿는다면, 건강과 재물을 얻고 성공하게 됩니다." 심지어는, "하나님의 빈 마음을 가득 채워 줄 수 있는 사람은 오직 당신뿐입니다." 혹은, "예수님을 당신의 마음속에 들어오시도록 간구하면, 영원토록 당신 안에 계시며 함께 교제를 나누리라 약속하셨습니다." 이 외에도 초청의 문장들은 수없이 많다. 결단의 초청을 하는 복음의 내용들은 하나같이 성경에서 말하는 통치자 하나님의 모습을 거부하고, 그저 자연인들이 자유의지로 결정한 대로 끌려가는 신, 즉 인간에게 영광 돌리는 하나님의 모습을 선호한다.

모든 사람들은 하나님이 필요하지만 자신의 죄로 인해 그 요구를 느끼지 못하고 있다. 단지 그것을 평범한 인간의 약점과 공허함을 채워 주는 부수적인 것으로 치부할 뿐이다. 성경은 우리 인간이 태어나면서부터 우상 숭배자요, 남을 이용하는 자며, 안락하고 행복한 삶을 탐하는 자라고 가르친다. 하나님에 대한 우리의 오해와 하나님이 우리를 위해 뭐든 해 주신다는 착각은 성령께서 우리의 마음을 변화시키시지 않는 한, 절대 변하지 않는다. 사도 바울이 모든 인간의 속성에 대해 기술한 바는 이미 앞에서 언급했지만, 여기서 다시 한 번 반복하도록 하겠다.

의인은 없나니 하나도 없으며 깨닫는 자도 없고 하나님을 찾는 자도 없고 다 치우쳐 한가지로 무익하게 되고 선을 행하는 자는 없나니 하나도 없도다 저희 목구멍은 열린 무덤이요 그 혀로는 속임을 베풀며 그 입술에는 독사의 독이 있고 그 입에는 저주와 악독이 가득하고 그 발은 피흘리는 데 빠른지라 파멸과 고생이 그 길에 있어 평강의 길을 알지 못했고 저희 눈 앞에 하나님을 두려워함이 없느니라 함과 같으니라(롬 3:10~18).

우상을 섬기는 자들은 자기의 생각하는 바를 그대로 받아 주는 맘 좋은 신을 찾아 해맬 뿐이며, '스스로 계신 하나님'은 그들이 만들어 놓은 틀과 맞아떨어지지 않는다. 우상 숭배자는 결코 의로우신 하나님을 따르지 않는다. 하나님은 인간이 스스로 행할 수 없는 것을 요구하시고, 또한 인간 스스로는 의롭게 되거나 구원받을 수 없다는 사실을 말씀하시기 때문이다. 하나님께서 온 세상을 창조하기 이전부터 사람들을 선택하셔서 그의 백성으로 삼으셨다는 것을 믿거나 생각하는 것은 자연인들에게는 불가능한 이야기다. 선하신 하나님께서 모든 역사를 통틀어 그의 사랑하는 자들의 삶 속에 하나님의 목적을 달성하시기 위한 도구로 사탄과 악한 사람들을 적절히 사용해 오신 사실을 상상조차 할 수 있었겠는가?

우리가 원하는 하나님은 그저 우리를 사랑하시고 우리를 안락하고 행복하게 만들어 주는 신일 뿐이다. 대부분의 사람들이 인생의 실체와 그들이 하나님에 대해서 배운 내용들 사이에서 일관성을 찾아내는 데에 힘겨운 시간을 보내고 있다. 그들은 하나님이 온 세상을 사랑하시고, 모든 사람들이 구원받기 원하시며, 그의 자녀들에게 복 주기 원하시고(아무도 다치게 하지 않으신다), 모든 일에 능한 분이라고 배워 왔다. 그런 하나님의 모습은 듣기에도 아주 그럴싸하며, 누구든 그런 모습을 가진 하나님을 소유하길 바라지만 그런 일은 결코 일어나지 않는다. 만일 하나님께서 모든 세상을 사랑하시고, 모든 것을 행하실 능력이 있는 분이라면, 왜 선하고 좋은 사람들, 특히 나 같은 사람들에게 그런 나쁜 일이 일어나게 하시는가? 모든 사람이 구원받기 원하신다면서 왜 모든 사람을 구원하지 않으시는가? 정말 나를 구원하신 걸까? 그의 백성들에게 복 주기 원하시고 아무도 다치지 않게 하신다면서, 왜 다른 사람들과 마찬가지로 고통과 핍박과 어려움을 겪도록 내버려 두시는 것인가?

순교와 핍박, 고통을 통해 스스로 복음의 증거를 보이신 하나님에 대해 우상 숭배자들은 어떻게 생각해야 할까? 그리고 훈계와 견책의 삶을 약속하신 하나님에 대해 우리는 어떻게 생각하고 있는가? 하나님께서 치유하고자 하실 때, 누가 먼저 자신의 죄와 이기심을 내어 놓을까? 새롭게 고치시는 하나님의 손길 앞에 누가 자신을 내어 드릴 것인가? 부활하신 주님 앞에서 누가 십자가에 못 박힐 것인가?

한번은 어느 젊은 청년이 유명한 복음 전도자 앞에 다가와서는, 그가 거짓 복음을 증거했노라며 심하게 책망했다. 그 청년이 복음 전도자에게 한 말은 대충 이런 내용이었다. "당신이 나에게 진리를 말해 주면서 예수님께 나아와 죽으라고 했다면 아마 그대로 했을 겁니다! 하지만 그 반대로 당신은 예수께서 나에게 인생 최고의 것을 주실 거라고 말했단 말씀입니다." 그 복음 전도자는 이 젊은 청년이 그리스도께 회심의 결단을 내릴 수 있도록 초청하기 위해 복음 아닌 복음을 제시했던 것이다. 그는 하나님과 사람에 대한 진리에 대해서는 전혀 언급하지 않았다. 단지 하나님은 그 청년을 행복하게 해 주기 원하시는 존재라는 것과 또 인간에게는 자신의 의지적 결정을 통해 하나님을 조종할 수 있는 힘이 있는 것처럼 암시한 것이다. 하지만 인생의 사건과 관계가 하나님에 대해 들은 바대로 되어 가지 않는 모습을 보면서, 그 청년은 하나님에 대한 증오에 빠진 것이다. 그가 내린 결론은 하나님은 무능력하다는 것이었다. 결과적으로 그 남자는 하나님과 복음 전도자 모두를 증오하게 되었다.

인간의 안락과 탐욕에 호소하는 메시지와 방법은 결국 하나님과 애증관계에 빠지게 할 뿐이다. 그 열매는 율법의 노예, 자만심, 참을성 없음, 공격성, 기만, 위선, 육체에 관한 모든 행위, 혼란, 절망, 황폐함 또는 변절 그리고 분쟁 등으로 분명하게 드러난다.

진리는 이것이다. 우리는 마음으로 우상을 섬기는 자들이므로 천성적으로 하나님을 미워할 수밖에 없는 존재다. 하지만 우상 숭배는 단지 하나님에 대한 증오심만 만들어 내는 것이 아니라 다른 사람들을 향한 증오심까지 이끌어 낸다.

다른 사람들을 향한 증오

우리가 세상적인 사랑으로 사랑하게 되면, 그 사람들로부터 무언가 얻기를 원하게 된다. 말로는 그들을 사랑한다고 하지만 사실상 전혀 사랑하지 않는 것이다. 자기 행복을 만끽할 수 있도록 그들로부터 무언가를 얻어 내려고 하는 것은, 우리를 즐겁게 하거나 실망시키는 것을 그들이 원하는 대로 결정할 수 있도록 허락한 셈이 된다. 그들이 원한다면 우리를 행복하게 만들 수 있다고 믿을 때에, 우리의 비참함과 불쾌함에 대한 책임을 그들에게 돌리게 된다. 그들이 우리의 필요에 둔감한지, 아니면 우리를 기쁘게 할 만큼 민감한지의 문제는 우리에 관해 하나님이 그들 안에 어떻게 역사하시는가에 달려 있다. 분명한 사실은, 그들을 이용하려고 했던 자책감이 우리를 떠나지 않는다는 점이다. 우리가 느끼는 불행과 증오는 우리 행동의 진짜 동기가 무엇이고 관계의 기초가 어떤 것이었는가를 그대로 보여 준다.

사랑하는 법을 배우려면, 먼저 다른 사람에 대한 증오심이 궁극적으로 하나님에 대한 증오에서 기인한 것임을 깨달아야 한다. 다른 이들에 대해 불평불만을 늘어놓는 것은, 하나님의 공급과 그의 주권적 뜻을 혐오하는 마음을 무의식 중에 털어놓는 것과 같다. 우리는 하나님께서 우리에게 주기 위해 선택하신 사람들을 오히려 증오한다. 만약 우리가 하나님이었다면, 존경과 사랑으로 대해 주는 사람들만 골랐을 텐데 말이다.

주 예수께서는 젊은 율법사에게 율법의 가장 큰 계명은 마음과 영혼과 생각을 다해 하나님을 사랑하는 것이라고 말씀하셨다. 그는 계속해서 하나님을 사랑하는 것은 다른 사람을 사랑하는 것과 동일한 것이라고 하셨다(마 22:35~40). 그 반대의 경우도 진리가 된다. 형제를 미워하는 것은 하나님을 미워하는 것이다. 사도 요한의 글을 보자. "우리가 사랑함은 그가 먼저 우리를 사랑하셨음이라 누구든지 하나님을 사랑하노라 하고 그 형제를 미워하면 이는 거짓말하는 자니 보는 바 그 형제를 사랑치 아니하는 자가 보지 못하는 바 하나님을 사랑할 수 없느니라"(요일 4:19~20).

하나님의 자기 계시 없이는 우리 스스로 하나님을 사랑할 수 없다. 하나님께서 자신을 보여 주시기 전까지는, 우리 스스로 새겨 놓은 신을 섬길 뿐이다(또는 내가 행동하는 대로 생각하는 사람과, 자기 단체에 우리를 초청하는 사람들을 신으로 섬긴다). 이러한 모든 신들은 우상에 불과하다. 성경에서 말씀하시는 진정한 하나님이 아니기 때문이다. 하나님께서 성령의 능력으로 예수 그리스도를 통하여 그의 백성에게 자신을 계시하시게 되면, 그때에야 하나님을 사랑하기 위한 기본적인 준비가 되는 것이다. 그리고 우리가 하나님을 사랑하게 될 때, 그분이 우리의 하나님이 되시고 모든 만물을 공급하시는 분임을 깨닫게 된다. 정 떨어지고 완고하기 짝이 없는 사람들과, 다른 데에 온갖 정신이 팔린 남편들, 자기 의지가 너무 강한 아내들, 우리와 너무나 다른 사람들…… 이 모두는 우리의 축복을 위해 예수께서 사랑으로 보내신 사람들이다. 그들을 사랑할 수 있는 단 한 가지 길은, 이 일을 감당할 수 있는 겸손과 은혜를 하나님께 구하는 것뿐이다. 우리 안에 계신 예수께서 그들을 향해 사랑을 나타내도록 하는 것이 바로 하나님을 향한 우리의 사랑을 표현하는 것이다.

예수께서는 악을 미워하시지만, 한번도 성부 하나님이나 다른 사람들을 향한 분노의 노예가 된 적은 없다. 심지어 사람들로부터 핍박을 받는 상황에서도, 그들을 용서해 주시길 하나님께 기도하셨다. 사람들이 저주를 퍼부으면, 예수께서는 축복으로 갚아 주셨다. 나는 '상황이 예수님의 방법대로 되어 가지 않을 때'라고 써 나가기 시작했지만, 실상 모든 것은 언제나 그분의 방법대로 움직여 간다는 사실을 깨닫게 되었다. 예수님의 방법은 아버지의 방법이고, 그 두 분은 완전한 하나다. 예수님의 사랑은 기쁨과 평안, 인내, 친절함, 선함, 신실함, 온순함, 자기 절제의 특징을 가지고 있다. 예수님의 사랑은 시기하지 않으며, 자랑하지 않고, 교만하지도 않으며, 버릇없이 행동하지 않는다. 또한 자기 유익만을 구하지도 않고, 화를 내지 않으며, 악한 것을 생각하지 않고, 불의를 기뻐하지 않는다. 다만, 진리로 기뻐하고, 모든 것을 참으며, 모든 것을 믿고, 모든 것을 소망하고, 모든 것을 견뎌 낸다. 예수님의 사랑은 결코 실패하지 않는다(갈 5:21~22, 고전 13:4~8).

당신이 만일 쉽게 성을 내는 사람이라면, 하나님은 당신이 성내지 않을 때까지 계속해서 상대하기 어려운 사람들을 보낼 것이다. 나는 여기에 한 가지를 덧붙이고 싶다. 당신이 쉽게 성내지 않는다고 해도, 하나님은 당신의 인생에 계속 힘겨운 사람들을 보낼 것이다. 그들에게는 하나님의 사랑이 필요하기 때문이다. 성령께서 우리 안에 있는 우상 숭배의 영을 보여 주시고, 우리가 하나님만을 우리 인생과 사랑의 근원으로 인정할 때, 우리는 하나님과 사람들을 자유롭게 사랑할 준비가 된 것이다.

이러한 사실은 내가 다음과 같은 우상 숭배의 영의 특징을 깨달을 수 있도록 도움을 주었다. 우상 숭배의 영은 증오의 관계를 만들어 낸다. 나의 인생에서 사랑한다고 생각하는 사람들과 사물들에 대하여 끓어오르는 증오심의 고통을 느낄 때마다, 나는 우상 숭배의 영이 내 마음속에 있는 하나님과 그들을 향한 사랑의 교감을 끊어 놓고 있음을 알고 있다. 이제 그런 상황에서 내가 할 수 있는 것은 우상 숭배의 문제가 무엇인지 그리고 하나님의 뜻은 무엇인지 계시해 주시도록 간구하는 것 뿐이다. 그런 후 내 마음속에 그들을 향한 하나님의 사랑과 감사와 기쁨이 가득 넘쳐나도록 하나님께 간구한다.

66

이제는 너희가 이 모든 것을 벗어버리라
곧 분과 악의와 훼방과 너희 입의 부끄러운 말이라
너희가 서로 거짓말을 말라 옛 사람과 그 행위를 벗어버리고
새 사람을 입었으니(골 3:8~10상)

99

3부
사랑할 준비가 되다
Equipped to Love

11장 하나님을 향해 마음을 돌이키는 믿음
하나님은 회개와 믿음을 허락하신다

우리가 우리 하나님의 이름을 잊어버렸거나 우리 손을 이방 신에게 향하여 폈더면 하나님이 이를 더듬어 내지 아니하셨으리이까 대저 주는 마음의 비밀을 아시나이다(시 44:20~21).

하나님의 말씀에 기초한 회개

다니엘 디포우의 고전 소설을 보면, 로빈슨 크루소는 배가 좌초된 뒤 홀로 해변에 밀려오게 되었다. 수중에 가진 것이라고는 성경책밖에 없었다. 성경을 읽으면서 자신이 죄인임을 깊이 깨닫게 되자, 그는 모래사장에 얼굴을 묻고 엎드려 이렇게 외쳤다. "오, 하나님! 제게 회개의 선물을 허락하소서!"[9] 앞에서 살펴보았던 내용을 통해서 하나님과 사람들과의 관계 안에 있는 당신의 우상 숭배의 죄를 깨닫게 되었다면, 이미 하나님께서 은혜롭게 응답하셨다는 것이다. 그보다 더 큰 은혜는 없다.

　로빈슨 크루소가 갈망했던 회개는 죄를 미워하시는 하나님을 깨달은 자의 거룩한 슬픔이었다. 우리는 고린도후서 7장 9~11절의 내용에서 그런 종류의 회개를 찾아볼 수 있다.

　보라 하나님의 뜻대로 하게 한 이 근심이 너희로 얼마나 간절하게 하며 얼마나 변명하게 하며 얼마나 분하게 하며 얼마나 두렵게 하며 얼마나 사모하게 하며 얼마나 열심 있게 하며 얼마나 벌하게 했는가 너희가 저 일에 대하여 일절 너희 자신의 깨끗함을 나타내었느니라(고후 7:11).

　하나님께서 회개(하나님의 뜻에 따른 슬픔)를 허락하실 때, 구원도 그리 멀리 있지 않다. 바울은 이러한 회개가 우리를 구원으로 이끈다고 썼다. 『회개하지 않는 자를 향한 앨레인의 경고』라는 책을 쓴 죠셉 앨레인은 회개가 필요한 사람들과 상담을 하면서 사람들이 어떻게 거룩한 슬픔을 받아들이는지 설명했다. 그는 회개를 원하는 사람이라면 "죄에 대해 철저히 판단하고, 명확히 분별하며 인식함으로써 회개에 이를 수 있도록 힘써야 한다"라고 제안했다. 사람이 죄에 대하여 지치고 무척 힘겨워하며, 마음에 찔림을 느끼고, 죄를 혐오하게 되기 전까지는, 나음을 얻기 위해 그리스도께 나아오지 않으며, "우리가 무엇을 해야 합니까?"라며 심각하게 질문하지도 않는다. 사람들은 생명을 얻기 위해 그리스도 앞으로 나오기 전에, 먼저 자신을 죽은 자

와 같이 여겨야 한다.[10]

디모데에게 쓴 글에서, 바울은 하나님의 종이 마귀의 올무에 빠진 사람들을 어떻게 징계해야 하는가에 대한 가르침을 주고 있다. 바울이 회개를 하나님의 역사이며 선물로 보고 있고, 회개는 그 사람이 하나님의 말씀과 온유함으로 징계받은 이후에 오는 것이라는 것을 말씀에서 명확히 볼 수 있다.

주의 종된 자로서, 나는 이 구절을 개인 기도 제목으로 삼았고, 이 책에 실린 내용들을 저술하고 강연할 수 있도록 격려하는 말씀으로 받았다. 나는 하나님께서 사람들의 생각을 깨우쳐 주셔서 마귀의 올무에서 벗어날 수 있도록 역사하시는 모습을 보며 참으로 많은 격려를 받았다. 마귀는 우상 숭배의 영을 사용하여 그들을 포로로 붙잡았으며 자신이 원하는 대로 움직이도록 했다.

당신의 마음속에 역사하는 우상 숭배의 영을 깨닫게 되었다면, 이제 고린도후서 13장 5절에 나온 바울의 말씀에 귀 기울일 수 있는 가장 좋은 때가 된 것이다. "너희가 믿음에 있는가 너희 자신을 시험하고 너희 자신을 확증하라 예수 그리스도께서 너희 안에 계신 줄을 너희가 스스로 알지 못하느냐 그렇지 않으면 너희가 버리운 자니라". 당신 자신을 사랑할 준비가 되었는가? 예수 그리스도께서 당신 안에 계신가?

하나님께서 당신에게 회개를 허락하시길 바란다! 지금까지 당신의 삶 속에 있는 우상 숭배의 영의 특징을 명확하게 이해했다면 하나님의 자비가 여러분에게 임하실 것이다. 하나님은 사람들이 자신의 죄를 자각할 수 있는 새로운 눈을 주심으로써 회개할 수 있는 힘을 허락하신다. 당신이 우상 숭배의 영을 깨달았다면, 이제 더 이상 어두움 가운데 머무르지 않아도 된다. 우상 숭배와 하나님이 말씀하시는 사랑의 진리가 무엇인지 분명히 살펴보았다면, 하나님께서 당신을 사탄의 손아귀에서 자유롭게 풀어 주셨음을 바라고 믿을 수 있는 것이다. 지금이야말로 당장 하던 일을 멈추고, 하나님께 감사를 드리고 그의 선하심과 인자하심을 찬양할 최적의 시간인 것이다. 하나님이 원하시는 회개를 할 수 있도록 하나님께 간구하라.

여러분에게 회개를 촉구하면서, 모세가 이스라엘 백성들을 향하여 우상을 섬기는 것에 대해 경고했던 말씀이 생각난다. 백성들은 우상 숭배의 죄가 얼마나 심각한지 알 필요가 있었다. 그렇지 않고서는 자신의 죄를 깨달아 뉘우칠 수 없기 때문이었다.

하나님의 말씀은 결코 헛되지 않다. 하나님의 말씀은 "살았고 운동력이 있어 좌우에 날선 어떤 검보다도 예리하여 혼과 영과 및 관절과 골수를 찔러 쪼개기까지 하며 또 마음의 생각과 뜻을 감찰하나니 지으신 것이 하나라도 그 앞에 나타나지 않음이 없고 오직 만물이 우리를 상관하시는 자의 눈 앞에 벌거벗은 것같이 드러나느니라"(히 4:12~13). 당신의 생명이 시작되는 그 순간부터 하나님은 당신의 우상 숭배를 알고 계셨음을 확신할 수 있다. 하나님의 말씀과 성령은 은혜와 사랑으로 깊이 역사하시고도 남음이 있으므로, 나는 여러분들에게 우상 숭배의 문제를 분명하게 다루고 있는 신약성경의 여러 구절들을 자세히 살펴볼 것을 권한다.

하나님의 눈 앞에서 우상 숭배는 영적인 간음과 동일하다. 우리를 창조하신 하나님에 대한 불성실함을 보여 주는 것이다. 우상 숭배에 대한 하나님의 의도를 알 수 있는 말씀을 보는 동안 성령께서 여러분의 마음에 속삭여 주시길 바란다.

> 이제 내가 너희에게 쓴 것은 만일 어떤 형제라 일컫는 자가 음행하거나 탐람하거나 우상 숭배를 하거나 후욕하거나 술 취하거나 토색하거든 사귀지도 말고 그런 자와는 함께 먹지도 말라 함이라(고전 5:11).

> 불의한 자가 하나님 나라를 유업으로 받지 못할 줄을 알지 못하느냐 미혹을 받지 말라 음란하는 자나 우상 숭배하는 자나 간음하는 자나 탐색하는 자나 남색하는 자나(고전 6:9).

> 우리가 너희에게 미치지 못할 자로서 스스로 지나쳐 나아간 것이 아니요 그리스도의 복음으로 너희에게까지 이른 것이라(고후 10:7).

> 하나님의 성전과 우상이 어찌 일치가 되리요 우리는 살아계신 하나님의

성전이라 이와 같이 하나님께서 가라사대 내가 저희 가운데 거하며 두루 행하여 나는 저희 하나님이 되고 저희는 나의 백성이 되리라 하셨느니라 (고후 6:16).

너희도 이것을 정녕히 알거니와 음행하는 자나 더러운 자나 탐하는 자 곧 우상 숭배자는 다 그리스도와 하나님 나라에서 기업을 얻지 못하리니 (엡 5:5).

그러므로 땅에 있는 지체를 죽이라 곧 음란과 부정과 사욕과 악한 정욕과 탐심이니 탐심은 우상 숭배니라(골 3:5).

너희가 음란과 정욕과 술취함과 방탕과 연락과 무법한 우상 숭배를 하여 이방인의 뜻을 좇아 행한 것이 지나간 때가 족하도다(벧전 4:5).

자녀들아 너희 자신을 지켜 우상에서 멀리 하라(요일 5:21).

개들과 술객들과 행음자들과 살인자들과 우상 숭배자들과 및 거짓말을 좋아하며 지어내는 자마다 성 밖에 있으리라(계 22:15).

위의 성구들을 통해 확신할 수 있는 것은, 하나님과 사람들과의 관계 속에서 우상 숭배를 범하는 자는 하나님과 영원히 거할 수 없으며, 그들이 자신의 양심을 달래기 위해 어떠한 종교적인 성향이나 모습을 가졌는가와는 전혀 관계가 없다는 것이다. 우상 숭배를 행하는 사람들과 우상 숭배의 죄를 깨달아 뉘우치고 회개하지 않는 자는 땅을 치며 크게 후회하게 될 것이다. 진리를 아는 지식만이 우리의 마음을 밝아지게 하며 초자연적으로 회개할 수 있게 한다.

회개는 죄를 깨닫고 뉘우치는 것

하나님께서 우리에게 회개를 허락하실 때에, 이것은 하나님에 대한 믿음과도 관련이 깊다. 회개와 믿음은 동전의 양면과도 같다. 따라서 우리가 자신의 잘못된 부분을 직시하게 될 때, 하나님을 향한 믿음이 우리를 인도하여 변화를 불러오는 일들을 하도록 한다. 하나님께서 진정한 회개의 역사를 행하실 때, 우리가 성령님을 따라 보조를 맞춰갈 수 있는 몇 가지 방법이 있다. 앨레인은 이렇게 제안한다. 당신의 죄가 얼마나 큰지 묵상하고, 당신의 우상 숭배가 얼마나 하나님을 진노하게 했는지, 또한 그러한 간음의 행위로 인해 거룩하고 정의로운 하나님께 받을 징벌이 어떠한 것인지 그리고 이 죄로 인해 당신 안에 있는 그리스도의 형상이 얼마나 뒤틀리고 추한 모습인지 하나씩 생각해 보라.

당신이 이러한 부분을 묵상할 때에, 하나님께서는 당신에게 사랑이 부족한 것과 하나님과 사람들을 우상화했던 것에 대해 진실한 뉘우침을 주실 것이다. 뉘우침이란 죄책감으로 인해 자신의 잘못된 행동을 진심으로 후회하는 겸손의 모습이다.[11] 우리 자신 안의 우상 숭배의 영을 깨닫게 하심으로써, 하나님께서는 그동안 우리가 거부해왔고, 다른 사람을 비난함으로써 합리화시켜 왔으며, 혼과 육체 속에 깊이 묻어놓았던 모든 죄악들을 깨달을 수 있도록 은혜를 베풀어 주신다.

당신의 삶 가운데 있는 우상 숭배의 죄를 깨닫는 것이 그토록 중요한 이유는 무엇인가? 이미 우리가 그리스도인이라면 굳이 불편한 과거 일들을 일부러 끄집어 내는 것은 적절하지 않은 일인가? 그것은 옳은 일일 수도 있고 그 반대일 수도 있다. 만일 과거에 이미 회개를 경험했고, 하나님이 죄를 계시해 주셨다면, 굳이 다시 끄집어낼 필요는 없다.

다른 한편으로 볼 때, 만일 당신의 죄의 근원이 무엇인지 아직 발견하지 못했다면, 당신은 아직 그리스도인이 아닐 수도 있다! 하나님께서는 당신을 '경건의 모양은 있지만 능력은 부인하는' 어두움과 망상에서 벗어나게 하고자 하신다. 지금 내가 말하는 내용이 아주 불편하고 어쩌면, 감히 상상도 못할 기분 나쁜 제안일 수도 있다. 하지만 내가 왜 이런 일들을 제안하는지에 대해서 좀 더 자세히 설명하고자 한다.

우리 부부는 두 사람 모두 어린 시절에 '그리스도를 영접하는' 기도를 따라 기도했었지만, 29세가 될 때까지 회개와 믿음을 주시는 하나님의 실제를 경험하지 못했고, 특히 회개와 믿음에 관련된 부분에 있어서는 감정적이고 영적인 답답함을 느꼈다. 그렇지만 분명한 하나님의 말씀의 조명 아래 우리의 생활과 경험을 성실히 살펴 나갔을 때, 결국 사랑할 수 있는 자유를 얻게 되었고 하나님과 함께하는 평안을 누리게 되었다. 그때까지 겪었던 모든 영혼의 불편함이 아무 소용 없었던 것은 아니었다. 사실상 이 일을 통해 나를 괴롭히던 혼란이 이해되기 시작했고, 내 자신에 대한 수많은 질문들에 해답을 얻게 되었다. 나는 가끔씩 내가 어떻게 해야 그리스도인이 될 수 있는지, 또 어떤 일을 해야 하는 것인지에 대해 의아해했던 적이 있다. 사람들 앞에서 나의 구원 여부를 미심쩍어할 때면, 보통 사람들은 그런 의심은 사탄이 나를 유혹하는 것이고, 그저 구원을 받았다는 '도장만 한 번 찍으면' 모든 것이 보장된다고 말해 주었다. 이것은 하나님의 의지와 능력, 내 삶에 대한 하나님의 목적에 관한 진리를 완전히 무시한 것이었다.

마침내 29세가 되던 해에 나는 진리를 깨달았다. 그때까지 나는 하나님께서 내 삶과 사역에 원하시는 것을 행하시기까지, 하나님 자신이 계시해 주시는 회개의 믿음을 받지 못한 상태였다. 나는 그제서야 하나님의 지혜에 감사할 수 있었다. 이후, 나는 왜 이전의 나의 모습이 그토록 무기력하고, 사랑도 없으며 이기적이었던가를 이해하게 되었다. 이는 마치 악마의 올무에서 벗어나 자유를 만끽하는 것과 다름없었다. 내가 하나님과 죄, 내 자신, 하나님의 구원의 방법에 관한 진리를 아는 지식이 부족한 것을 알고, 사탄은 나를 단단히 붙들어 자신이 원하는 것들을 행하도록 사주한 것이다.

내 친구 브라이언은 이렇게 말했다. "우상 숭배에 대한 말씀(앞에 나온 성구들)의 결과가 무엇인지 하나님께서 나를 깨우치시기까지 정말 수년이 걸렸어. 나는 이전에 벌써 '예수님을 영접했기' 때문에 안전하다고 생각한 거지. 내가 구원받지 못했을 거란 가능성은 상상도 할 수 없었어."

브라이언 역시 회개와 믿음의 몸짓만 따라 한 것이었을 뿐, 하나님이 허락하시는 회개와 믿음을 경험한 적은 없었던 것이다. 그가 자신의 모든 행동에 스며 있는 우상 숭배와 그 영향력을 직면하기 전까지는 말이다. 친구 브라이언과 우리 부부가 경험했던 것처럼, 당신도 속임수에 빠져 고통받고 있는지도 모른다. 소위 '결정주의'라 불리는 전도 방식에 참여했던 수많은 사람들이 걸려들었던 그 속임수 말이다. 이런 유형의 전도 방법은 회개의 겉모양만 강조할 뿐, 마음 깊이 역사하시는 하나님을 인정하도록 인도하지는 않는다. 여기에 참석한 사람들이 일단 구원은 '따놓은 당상'이라고 생각하면서도, 그들 자신의 믿음이 진실된 것인가에 대해서 진지하게 고민하는 단계까지 자연스럽게 다가서지 못하는 이유는 도대체 무엇인가?

D.L. 무디는 회개와 믿음을 이루는 다섯 가지 특징이 있다고 믿었다. '깨달음과 뉘우침, 죄의 고백, 회심, 그리스도를 주로 고백함'이 그

것이다.[12] 이 가운데 하나라도 빠뜨리지 않는 것이 중요하다. 한 사람이라도 더 많이 그리스도를 선택하도록 하려는 우리의 성급함과 욕심 때문에, 깨달음과 뉘우침과 회심의 부분을 빠뜨리고 지나갈 수도 있다. 대다수의 복음주의 집회들은 죄를 고백하는 것과 그리스도에 대한 믿음만을 다루고 있다.

하나님이 주시는 회개와 믿음이 기초작업을 하는 데에는 꽤 오랜 시간이 소요될 수도 있다. 우리는 사람들이 그리스도를 결정하는 단순한 동작만을 따라 하게 함으로써 마음속에 역사하시는 진정한 하나님의 은혜를 깨닫지 못하게 하는 누를 범치 않기 바란다. 만일 그 사람이 자신의 죄를 알지 못하고, 단지 죄에 대해서만 아는 것이라면, 하나님 앞에서의 그의 상태와 위치에 대해서 오해하도록 잘못 인도된 것일 수도 있다. 그가 자신의 죄에 대한 고통과 자책감을 느끼기도 전에, 미리부터 구원의 광선을 비춰 버린다면, 자기 죄의 실체를 전혀 감지하지 못하고 만다. 그는 단순히 개종의 행동을 취했기 때문에, 삶의 변화가 일어나지 않으며 결과적으로 예수님과 다른 사람에 대한 사랑의 결핍을 처절히 경험하게 되는 것이다. 이제 그의 개종 후의 단계는 이전 상황보다 더욱 심각하다. 친구 브라이언이 그랬던 것처럼, 그 역시 자신이 구원받았다고 생각하지만 성경은 아주 명백하게 말씀하고 있다. 우상 숭배를 행하는 자는 어느 누구도 하나님 나라에 들어올 수 없다고 말이다!

하지만 그 사람이 하나님과 그의 분노를 대면하고, 자신의 죄에 대한 깨달음을 얻을 수 있도록 인도해 주면, 상처입은 그의 자존심은 진정한 회심과 치유를 받게 된다. 그의 영혼이 자기 죄악의 실체를 보게 되고, 십자가에서 흘리신 예수님의 대속의 죽음을 의지할 수밖에 없는 자신의 실질적 필요와 맞닿게 되는 것이다. 그뿐만이 아니다. 그는 진정으로 사랑할 수 있도록 준비되어진다.

하나님께서 우리의 마음 가운데 구원의 믿음을 심어 주셨다고 해서 우리가 다시는 우상 숭배의 죄를 범하지 않는다는 말은 아니다. 우리는 다시금 범하게 된다, 하지만 인생 전반에 걸쳐 행하는 무지한 죄는 아니다. 이미 우상 숭배의 영의 특징을 깨닫고, 하나님을 향한 믿음이란 인생의 모든 것을 공급하시는 하나님을 의뢰하는 것이라는 사실을 이해하게 된 이상, 우상 숭배의 죄를 지속적으로 회개할 수 있고 하나님과 사람들을 향해 사랑을 전할 수 있는 기초가 마련된 것이다.

한번은 예수께서 시몬이라는 어느 바리새인의 집에 초대된 적이 있었다. 시몬은 집 주인이라면 반드시 손님에게 행해야 하는 관례마저도 예수님께 베풀지 않았다. 하지만 사람들의 멸시를 받던 한 여인은 사람들이 주는 모욕이나 눈초리에 아랑곳하지 않고 용감하게 시몬의 집으로 들어와 자신의 눈물과 머리칼로 예수님의 발을 씻어 드렸다. 예수께서는 시몬이 그 여인의 행동을 보며 역겨워한다는 사실을 심중에 아시고서 시몬에게 한 가지 비유를 이야기해 주셨다. 빚을

진 두 사람이 돈을 빌려 준 사람으로부터 빚을 탕감받았다는 내용의 비유였다. 그런 후 예수께서는 시몬에게 이렇게 질문하셨다. "그렇다면 둘 가운데 누가 더 그를 사랑하겠는가?" 시몬은 가볍게 대답했다. "더 많이 용서받은 사람이겠지요." 주님께서는 시몬에게(그리고 오늘날의 우리들에게) 다음과 같은 말씀으로 그의 교훈을 간략하게 설명하셨다. "이러므로 내가 네게 말하노니 저의 많은 죄가 사하여졌도다 이는 저의 사랑함이 많음이라 사함을 받은 일이 적은 자는 적게 사랑하느니라"(눅 7:40~48).

하나님께서 우리 안에 회개와 믿음을 주실 때에는, 먼저 죄를 보여 주신 후에 뉘우침과 회심을 허락하신다. 때로는 이러한 과정에 수시간이 소요될 때도 있고, 때론, 수일, 수개월, 심지어 수년이 걸리는 때도 있다. 모든 것이 하나님의 계획에 따라 이루어지는 것이다. 하나님은 그의 약속을 지키시고 그의 아들을 영화롭게 하신다. 예수는 하나님을 간절히 바라며 뉘우침을 얻도록 이끄시는 회개의 본질이시기 때문이다. 다윗은 이렇게 노래한다. "중심에 진실함을 주께서 원하시오니 내 속에 지혜를 알게 하시리이다"(시 51:6). 데살로니가 교인들은 그들의 마음에서 역사하시는 하나님을 분명하게 증거하고 있다. "저희가 우리에 대하여 스스로 고하기를 우리가 어떻게 너희 가운데 들어간 것과 너희가 어떻게 우상을 버리고 하나님께로 돌아와서 사시고 참되신 하나님을 섬기며 또 죽은 자들 가운데서 다시 살리신 그의 아들이 하늘로부터 강림하심을 기다린다고 말하니 이는 장래 노하심에서 우리를 건지시는 예수시니라"(살전 1:9~10).

하나님께서 여러분에게 우상 숭배의 죄를 깊이 뉘우치고 마음을 깨뜨려 회개할 수 있는 기회를 주시길 바란다. 하지만 끝까지 주의해야 할 것은 우상 숭배란 아주 멋진 것이며, 당신을 위하여 제물이 되신 주 예수님만으로는 충분하지 않다고 말하는 원수의 거짓말이다. 하나님께서는 당신의 죄악을 용서하심으로써 당신을 향한 그의 사랑을 보여 주신다. 당신의 모든 우상 숭배의 행위에도 불구하고 그리스도 안에서 하나님의 사랑을 확신하게 되었다는 것은, 이제 당신에게 은혜를 주시는 하나님을 찬양할 때가 되었다는 의미다. 나는 당신이 예수 그리스도를 통해 죄사함 받고, 그분과 완전한 연합된 것을 하나님께 감사할 것을 확신한다. 그리스도를 통하여 회개와 용서를 주시는 하나님께 찬양을 돌리자!

회개는 죄를 고백하고 돌이키는 것

하나님을 섬기기 위한 믿음으로 하나님께로 돌이키게 되면, 하나님께서 당신이 당신의 삶 가운데 우상을 섬겼던 행위로부터 돌이킬 수 있도록 인도하실 것이다. 하나님께서 그 길을 밝혀주시기 위해 성령을 보내 주신다. 따라서 앞에서 다루었던 우상 숭배의 삶의 유형에 관해 자세히 살펴보고 조명하는 가운데, 당신이 가지고 있는 '우상의 행렬'들이 무엇인지 보여 주시도록 성령님께 간구할 수 있다. 성령께서 당신 마음 가운데 떠올려 주시는 사람들이 있다면, 그들을 위해 하나님께 간구하고 또한 그들을 찾아가 당신의 죄를 고백하라. 그 사람은 당신의 남편이나 아내가 될 수도 있고 부모님일 수도 있다. 어쩌면, 그러한 우상 숭배의 관계들이 당신의 현재 관계들일 수도 있다.

하나님께서 당신의 우상 숭배의 죄가 하나님 앞에 얼마나 큰 진노를 샀으며 또 얼마나 많은 관계들을 더럽히고 파괴해 왔는지를 깨닫게 해 주실 때에, 당신은 사람들을 향해 조각을 새겨 왔던 것과 그들을 하나님이 주신 선물로 받아들이지 않았던 죄에 대해 용서를 구함으로써, 그들을 축복할 수 있는 힘을 얻게 된다. 그들을 가장 아프게 만들었던 당신의 끝이 무엇인지 적어 달라고 부탁할 수도 있다. 이를 통해 사탄의 계교에 대한 더 깊은 통찰을 얻을 수 있고, 사람들 앞에 구체적으로 용서를 구하며 더욱 큰 은혜를 얻을 수 있는 기회를 갖게 된다. 또한 그에 따른 손해를 보상할 수 있게 되고, 내 안에 그들을 향한 하나님의 사랑이 완전해지도록 하나님께 기회를 드리게 되는 것이다. 이것이 바로 진정한 회심의 열매요, 증거가 된다!

또한 예수 그리스도께서는 당신의 삶에서 원수에게 '빼앗긴 토대'를 되찾기 바라신다는 것을 확신할 수 있다. 지금 나는 인간 속에 내재한 죄악의 원리에 대해 이의를 제기하며 사탄의 견고한 진과 관련된 내용을 말하고 있는 것이다. 우상 숭배의 견고한 진은 수년에 걸친 죄악의 행위로 형성되어진다. 당신이 하나님과 사람들을 우상화할 때, 우상 숭배의 영은 당신의 영혼 가운데 깊이 뿌리를 박고 상주하게 되는 것이다. 오늘날 당신의 관계를 어지럽히고 파괴하는 힘은 바로 이 견고한 진에서 나온다.

바로 이 부분에서 복음의 좋은 소식이 우리의 삶에 적용된다. 예수 그리스도께서 죄의 권세를 모두 깨뜨리신 것이다! 당신은 우상 숭배에 빼앗겼던 토대를 다시 되찾게 해 달라고 담대히 예수님께 간구할 수 있다. 주 예수께서는 그의 피로 당신의 영혼의 토대를 다시 되찾으셨기 때문이다. 우상 숭배의 영은 아무런 방해도 받지 않고 그저 우리 영혼 안에 잠복해 있었지만 더 이상은 아니다! 만일 주님의 구원의 때가 아직 준비되지 않았더라면, 우상 숭배의 영은 그 정체를 결코 드러내지 않았을 것이다. 당신이 거룩한 사랑으로 사랑할 수 있도록, 성령께서 당신의 마음과 영혼의 모든 부분을 정결하게 해 주시기를 바란다.

하나님이 말씀하시는 거룩하신 사랑으로 사랑한다는 것은 우리의 본능적 능력을 초월하는 것이다. 하지만 우리가 죄를 고백하고 우리를 우상 숭배로부터 정결케 하시고 용서해 주시는 그리스도를 신뢰할 때에, 하나님께서는 우리에게 행할 수 있는 도움과 가르침을 주신다. 우리가 하나님의 사랑으로 사랑하기 원한다면, 먼저 모든 것을 주 예수 그리스도께 올려 드려야 한다.

12장 곱게 입은 예수 그리스도의 옷

이제는 너희가 이 모든 것을 벗어버리라 곧 분과 악의와 훼방과 너의 입의 부끄러운 말이라 너희가 서로 거짓말을 말라 옛 사람과 그 행위를 벗어버리고 새 사랑을 입었느니(골 3: 8~10 상).

그리스도의 옷으로 단장하기

골로새서 3장에서, 사도 바울은 골로새 교인들을 향해 우상 숭배의 죄를 회개할 것을 촉구하고 있다. 그런 후 사도 바울은 회개 이후에 취해야 할 다음 단계, 즉 예수 그리스도로 옷 입을 것에 대해 명확하게 지시하고 있다.

이제는 너희가 이 모든 것을 벗어버리라 곧 분과 악의와 훼방과 너희 입의 부끄러운 말이라 너희가 서로 거짓말을 말라 옛 사람과 그 행위를 벗어버리고 새 사람을 입었으니(골 3:8~10상).

이제 당신은 우상 숭배의 영이 있음을 깨닫게 되었고, 또한 진정한 회개를 허락받았으므로 사랑으로 옷입고 완전히 하나 됨의 끈으로 이어지게 되었다. 바울은 사랑으로 옷입는다는 것은 하나님의 사랑을 입어 부르심을 받았다는 의미라고 지적했다. 우리 안에 있는 하나님의 사랑은 우리가 따라야 할 모범이다. 하나님은 우상 숭배 없는 순전한 사랑으로 우리를 사랑하셨다! 우리는 우상 숭배의 특징을 알게 됨으로써 또한 사랑의 특징에 대하여 통찰력을 갖게 된다.

우리는 하나님의 자녀로서, 사랑의 근원이 되시는 아버지 하나님만을 온전히 바라본다. 옛 자아는 자기 유익을 위하여 사람들을 향해 조각을 새기고 조종하기에 여념이 없었지만, 이제 새로운 자아는 사람들에게 유익을 주며 섬기려고 한다. 우리 안에 계신 예수님의 생명의 능력으로 다른 사람들을 위하여 우리의 생명을 준다. 그들이 나에게 무엇을 주고 어떻게 해 주는가에 따라 그들의 가치를 측정하는 대신, 우리는 그들 안에 있는 하나님의 목적을 바라본다. 가장 별 볼일 없는 사람들도 귀하게 여길 수 있는 것은 그들을 사랑함으로써 영광스럽고 이타적인 그리스도의 사랑을 보여 줄 수 있기 때문이다. 예수께서는 가치 없고 사랑스럽지 못한 우리들을 위해 자신의 생명을 주셨다. 우리가 마주치는 사람들과 상황이 어렵고 힘겨울수록, 주님께 영광 돌릴 수 있는 잠재적 가능성은 더욱 커진다. 이것이 바로 그리스도 안에 있는 새로운 자아의 관점이다.

고린도전서 13장에 나오는 위대한 사랑의 내용을 보면, 사랑이란 하나님께서 그의 백성에게 주시는 최고의 선물임을 알 수 있다. 그 모든 선물들을 다 받을 수 있도록 노력해야겠지만, 그중에 사랑이야말로 우리가 가장 간절히 바라야 할 선물이다. 사랑이 없으면, 우리는 사람들 앞에서 혼자 징을 울려대는 꼴이 되고, 또한 아무것도 아닌 존재가 된다. 바울이 사랑에 대해서 썼던 사랑의 특징들을 자세히 살펴보고, 사람들을 우상화할 경우 이렇게 사랑하는 것이 불가능한 이유를 생각해 보라.

> 사랑은 오래 참고 사랑은 온유하며 투기하는 자가 되지 아니하며 사랑은 자랑하지 아니하며 교만하지 아니하며 무례히 행치 아니하며 자기의 유익을 구치 아니하며 성내지 아니하며 악한 것을 생각지 아니하며 불의를 기뻐하지 아니하며 진리와 함께 기뻐하고 모든 것을 참으며 모든 것을 믿으며 모든 것을 바라며 모든 것을 견디느니라(고전 13:4~7).

누군가를 이용하거나 그들을 통해 무언가 얻으려 하지 않으면, 그들에 대해 참고 견딜 수가 있다. 하나님께서 그들을 통하여 정확히 나에게 필요한 것을 필요한 때에 공급해 주시기 때문이고, 또 그로 인해 예수 그리스도에 대한 나의 신뢰를 보여 줄 수 있기 때문이다. 내가 섬김을 받기 위해 이기적으로 사람들을 이용하고자 하는 마음이 없다면, 나는 사람들을 친절하게 대할 수 있다. 하나님께서 모든 만물을 공급하신다는 것을 알게 되면, 더 이상 내 안에 질투심은 자리잡을 곳이 없다. 또한 모든 것이 하나님으로부터 온다는 것을 믿게 되면, 허풍과 자만심은 일어나지 않는다. 하나님의 선하심과 풍성히 채워 주심을 인해 감사하는 마음이 넘쳐나기 때문이다. 사랑은 결코 실패하지 않는다. 모든 것은 하나님으로부터 온다는 것과 하나님은 나에게 좀 더 신뢰하고 사랑할 수 있는 기회를 주려는 목적으로 이 모든 것을 공급하신다는 사실을 알기 때문이다.

누군가로부터 감정적인 학대나 신체적 학대를 심하게 당했거나 지금 그런 상황에 있는 사람들이 이렇게 반문하는 이야기를 듣는다. "나를 그토록 심하게 학대하는 사람을 놓고 하나님께 감사해야 한다고 지금 말하는 건가요? 그 사람이 나를 구타하고, 나와 내 가족을 모조리 망쳐 놓는 것을 그저 내버려 둬야 한다는 말이냐구요…… 그건 사랑하는 게 아니잖아요!" 대답은 "예, 그리고 아닙니다"가 된다.

"예"라는 것은, 당신이 하나님의 사랑으로 사랑해야 하는 경우, 먼저 당신 자신을 통해 하나님의 사랑을 보여 줄 수 있고, 하나님의 사랑이 전달되는 것을 감사해야 한다. 하지만 동시에 아니라는 것은, 사랑한다는 것이 단순히 그 상황 속에 자포자기하거나, 당신 자신이나 사랑하는 사람들이 계속 학대당하도록 내버려 두는 것은 아니라는 말이다. 사랑할 수 있는 기회를 주신 하나님께 감사하면서, 서로 화목하고 용서해야 할 과제는 여전히 남아 있지만, 당신 자신을 그 위험한 상황에서 벗어나게 하는 것이 사실은 사랑의 일이다. 상대가 악한 모습으로 파괴적인 행동을 하지 않도록 육체적인 부분을 허락하지 않는 것이 사랑이다. 어떤 면에서 볼 때, 누군가 습관적으로 당신을 학대한다면 그곳을 벗어나는 것이 사실상 그에게도 유익한 일이다.

당신의 삶에서 일어나는 모든 일을 통제하시는 분이 바로 유일하신 하나님이심을 신뢰하고 있다면, 하나님의 사랑을 충분히 경험하고 보여 주기에 필요한 모든 것이 이미 당신에게 있다는 사실도 믿어야 할 것이다. 또한 학대받음을 통하여 오히려 연약하고 고달픈 상황 속에서도 기도하고 하나님을 향한 당신의 믿음을 보일 수 있는 기회로 삼을 수 있다. 이러한 사실이 당신과 하나님과의 관계를 더욱 깊어지게 해 준다. 그리스도의 십자가와 화목한 관계를 위한 헌신 때문에 당신을 학대하는 사람을 용서할 수 있다면 하나님의 아들을 영화롭게 하는 것이 된다. 당신을 학대하는 사람을 통해 사랑과 돌봄을 받을 수 있으리라는 기대를 버리게 되면, 당신은 하나님의 사랑으로 사랑할 수 있는 자유를 얻게 된다.

바울은 디모데에게 진정한 성도는 사랑의 영을 받았다고 했다(딤후 1:7). 다른 사람들에게 베풀어 주고 축복의 통로로서 하나님께 사용되고자 하는 마음을 갖게 되는 것은 성령을 통하여 주어지는 하나님의 놀라운 선물이다. 우리가 하나님의 영광을 위하여 사랑할 수 있는 자유를 만끽하게 되는 것은…….

예수 그리스도로 옷 입는다는 것이 아직은 다소 모호하고 초자연적인 것으로 느껴질 수도 있다. 하나님과 주 예수 앞에 사랑을 구할 수 있는 실질적인 방법은 무엇인가? 예수께서는 그의 제자들에게 하신 마지막 말씀을 통해 이를 분명하게 가르쳐 주셨다. 아마도 그 중 몇 가지는 다음 장에서 살펴볼 수 있을 것이다!

13장 하나님으로부터 오는 사랑

내가 아버지의 계명을 지켜 그의 사랑 안에서 거하는 것같이 너희도 내
계명을 지키면 내 사랑 안에 거하리라(요 15:10).

예수님이 당부하심

예수께서 어떻게 그의 제자들을 사랑하셨는지 생각해 본 적이 있
는가? 지금 복음서들을 읽어 본다면, 예수께서 얼마나 우상 숭배의
영에서 자유로우셨는지 볼 수 있을 것이다. 예수께서는 모든 것이 아
버지께로부터 온다는 것을 믿으셨다. 예수께서는 결코 어느 누구에
게도 섬김과 사랑을 받거나, 무언가 얻어 낼 것을 기대하지 않으셨다.
예수께서는 다만 아버지를 경배하고 섬기기 위해서 오셨다. 예수께
서는 성부 하나님을 사랑하기에 힘쓰시는 영인, 성령으로 충만함을
입으셨기 때문에 사람들을 사랑하셨던 것이다.

제2장에서 살펴보았던 하나님의 사랑과 세상적인 사랑의 정의를 기억하는가? 예수께서 세상적 사랑으로 나를 사랑하지 않으셔서 얼마나 감사한지 모르겠다. 그랬다면, 나는 그분께 아무런 쓸모도 없는 존재였을 것이다. 이제 나는 내 자신이 그리스도 안에 있는 하나님의 순전한 사랑을 받는 사람이고, 그 사랑을 흘려보내는 통로가 된다는 중요성을 깨닫고 있다. 예수께서는 나를 통해 무언가를 채움받을 수 있으리란 기대 없이 순수하게 나를 사랑하신다. 예수께서는 하나님으로부터 나를 받았던 처음 그 모습 그대로 받아 주셨다. 나는 죄로 인해 죽었고, 암흑 가운데서 영원히 하나님으로부터 분리되기에 마땅한 사람이었다. 예수님의 사랑을 보면서 나는 그의 사랑으로 채움받는다.

예수님은 하나님께서 나의 죄악과 슬픔을 모두 짊어지라고 맡기셨을 때에도 결코 불평하지 않으셨다. 사실상, 예수께서는 "곤욕을 당하여 괴로울 때에도 그 입을 열지 아니했음이여 마치 도수장으로 끌려가는 어린 양과 털 깎는 자 앞에 잠잠한 양같이 그 입을 열지 아니했도다"(사 53:7).

예수께서는 왜 그리고 어떻게 나의 죄를 담당하실 수 있었는가? 예수께서 아버지 하나님을 우상화하지 않으셨기 때문이라고 생각한다. 예수님은 하나님께서 그의 영광을 드러내기 위해 꼭 필요한 것을 언제든지 공급해 주신다고 믿었고 신뢰하셨다. 이러한 예수님의 신뢰는 우상 숭배의 영과 완전한 대조를 이룬다.

빌라도와 마주치셨던 예수님의 모습에서 이러한 믿음의 예를 볼 수 있다. 빌라도가 예수님을 보며 그에게는 예수님을 풀어 주거나 못 박을 수 있는 권세가 있노라고 공언하자, 예수께서는 다음과 같이 대답하시며 하나님을 향한 그의 신뢰와 사랑을 보여 주셨다. "위에서 주지 아니하셨더면 나를 해할 권세가 없었으리니"(요 19:10~11). 이것이 바로 모든 상황에 대처하셨던 예수님의 모습이다. 모든 것이 하나님으로부터 온다는 사실을 잘 알고 계셨던 것이다.

이러한 놀라운 기본적 진리가 놀라운 사랑을 이루는 기초가 된다. 찰스 웨슬리가 쓴 옛 찬송가를 들을 때마다 마음 가득 전율을 느낀다. 여러분은 어떠한가?

구주의 보혈로 내가 유익을 얻음은 어찌함인가
주를 아프게 한 나를 위해 주 돌아가시고
죽음을 좇아가던 나를 위해 주 피흘리셨네
놀라운 사랑! 그가 날 위해 죽임당하셨도다

아버지의 영원한 은혜의 하늘 보좌를 떠나
오직 사랑으로 무력한 인간을 위해 피흘리셨네
주의 크고 자유로운 은혜가 나의 영혼 구했네
놀라운 사랑! 그가 날 위해 죽임당하셨도다

내 영혼, 죄와 사망의 어두움에 깊이 갇혔도다
주의 눈이 빛 비추어, 어둠의 성을 밝히시네
내 사슬 풀리어 자유를 얻고, 나 일어나 주를 따랐네
놀라운 사랑! 그가 날 위해 죽임당하셨도다

더 이상 정죄함이 없네. 예수, 나의 주 되시도다
예수 안에 거하며, 의로움의 옷으로 덧입는도다
그리스도로 관쓰고, 보좌 앞에 담대히 나아가네
놀라운 사랑! 그가 날 위해 죽임당하셨도다

예수님의 마지막 설교

예수님의 사랑은 순전한 사랑이다. 예수께서는 우리를 통해 무언가 채움 받으려 하지 않으시고, 이기적인 야심으로 우리를 조종하시지도 않는다. 이러한 사랑은 바로 아버지 하나님으로부터 오는 것이다. 예수께서 제자들에게 주셨던 마지막 말씀은(요한복음 14~16장에 기록되어 있다) 참으로 의미심장하다. 사랑에 대한 명령의 차원으로 주신 말씀이기 때문이다. 예수께서는 제자들에게 자신이 몸으로는 떠나 있게 될 것이라고 말씀하셨다. 하지만 예수께서 아버지와 함께 계신다면 어떻게 예수님의 임재와 사랑을 알 수 있을 것인가에 대해 제자들은 끈질기게 질문했다. 예수님의 대답을 통해 하나님의 사랑이 어떻게 우리에게 흘러오고, 또한 우리를 통해서 그 사랑이 어떻게 흘러가는가에 대해 알 수 있다.

아들을 통해 영광받으시는 아버지 하나님

예수님의 말씀 가운데 가장 두드러지는 내용은 우리의 행동 전체를 이루는 근본 동기에 대한 것이다. 예수께서 과거나 지금 현재에도 가장 근본적인 관심을 가지고 계신 부분은 아버지 하나님의 영광이다. 예수께서는 이렇게 약속하셨다. "너희가 내 이름으로 무엇을 구하든지 내가 시행하리니 이는 아버지로 하여금 아들을 인하여 영광을 얻으시게 하려 함이라"(요 14:13).

하나님의 자녀들이 그토록 하나님과의 깊은 사귐을 갈망하는 이유는 창조자이자 아버지이신 하나님께서 그 아들 예수 안에서 영광을 받으시기 위함이다! 성령으로 거듭난 사람들이 기도하고 사랑하며 복종할 수 있는 이유는, 그들 안에서 예수님을 통하여 오직 하나님만이 영광 받으시길 바라기 때문이다. 우상 숭배의 영을 가지고 태어난 자들도 이와 동일한 행동은 취하지만 그들의 가진 근본 동기는 판이하게 다르다. 그들도 기도하고, 세상적인 사랑으로 사랑하며 순종한다. 하지만 이런 일을 하는 이유는 단지 지옥에 떨어지는 것이 싫기 때문이거나 하나님이 자신들을 편안하고 행복하게 해 줄 것이라는 기대 때문이다.

하나님께서 누군가에게 그의 사랑을 부어 주시는 것은 아들이신 예수님의 기도에 대한 응답이다. 하나님께서는 그 사람을 예수님께 주셨고, 예수께서는 아버지 하나님께서 영광받으시는 것을 보고자 하신다. 하나님이 사랑을 부어 주시는 것은 단지 그 사람이 하나님 나라를 위해 기도하고 섬기며 희생했기 때문이 아니다. 주님께서는 우리가 얼마나 희생하는가에 관심이 있으신 것이 아니라, 다만 아들이신 예수를 통하여 긍휼하심을 보여 주고자 하시는 것이다. 주 예수께서는 겉으로 드러나는 종교적인 형식과 의식에만 신경 쓰는 바리새인들을 향하여 이렇게 가르쳐 주셨다. "너희는 가서 내가 긍휼을 원하고 제사를 원치 아니하노라 하신 뜻이 무엇인지 배우라 내가 의인을 부르러 온 것이 아니요 죄인을 부르러 왔노라 하시니라"(마 9:13). 따라서, 여기서 가장 강조되어야 할 내용은 하나님께서 우리를 통하여 역사하실 때에, 그 근본적인 동기는 반드시 예수 안에서 그 영광을 취하시고자 한다는 것이다.

그 일을 행하시는 예수님

예수님의 말씀 가운데 두 번째로 강조되는 내용은 그의 자녀들 안에 역사하시겠다는 약속이다. 인간에게는 본성적으로 모든 일을 자기 스스로 해내려는 욕심이 있다. 자신이 섬기는 우상(사람일 수도 있고, 그의 상상으로 빚어진 거짓 신일 수도 있다)으로부터 칭찬을 받아야 한다는 필요를 느끼기 때문이다. 그러나 하나님의 영으로 태어난 사람은 예수께서 그 일을 행하시고 영광을 취하시는 것을 보고자 한다. 당신이 하나님의 사랑으로 사랑할 준비가 되었다면, 반드시 그러한 사랑의 원천이 무엇인지 깨달아야 한다. 그 원천은 바로 예수 그리스도를 통해 역사하시는 하나님이다. 이것이 아들을 영화롭게 하시는 하나님의 방법이다. 당신 안에 있는 아들을 영화롭게 하실 것을 아버지께 간구하게 되면, 하나님께서 반드시 응답하시리라고 예수께서 약속하셨다. "너희가 내 이름으로 무엇을 구하든지 내가 시행하리니 이는 아버지로 하여금 아들을 인하여 영광을 얻으시게 하려 함이라 내 이름으로 무엇이든지 내게 구하면 내가 시행하리라"(요 14:13~14). 그러므로, 예수께서는 첫 번째로, 우리 안에 계신 예수 안에서 그 영광을 취하시려는 하나님의 목적이 무엇인지를 보여 주셨고, 두 번째로는, 우리가 그와 동일한 갈망을 가지고 하나님께 나아갈 때에, 우리 안에서 역사하시겠다는 약속을 주셨다. 하지만 이러한 일이 실제로 어떻게 일어날 수 있는가?

우리가 주님 안에 거할 때

오늘날, 일상 대화 중에서는 '거한다'라는 단어를 그리 많이 쓰고 있지는 않다. 그래서 먼저 거한다는 의미를 이해해야 할 필요가 있는 것 같다. 우리가 누군가에게 어디에서 '사느냐'고 물을 때, 보통 그 질문은 그들이 거주하는 지역이나, 그들이 머물고 있는 장소를 물어보는 것이다. '거한다'는 말은 집의 의미를 가지고 있다. 예수께서는 그가 하나님의 백성이 머물 장소를 준비하러 가시며, 그곳에는 '집'과 '살 곳', 또는 '거할 곳'이 많다고 말씀하셨다. 그곳에 하나님의 자녀들이 '거할 곳'이 많다는 것은 생각만 해도 얼마나 영광스러운가! 이처럼 예수를 믿는 모든 사람을 위해 준비된 곳이 있다. 하나님께서는 우리가 항상 그의 임재를 필요로 하는 존재임을 아신다. 우리는 집이 필요하다. 머물 수 있는 장소가 필요하다. 그리고 그것이 바로 '거하다'는 단어의 정확한 의미다. 거한다는 것은 하나님의 임재 앞에 항상 머물러야 한다는 뜻이며, 그곳에 뿌리를 내려야 한다는 뜻이다. 그렇다면 우리가 머물러 살아야 할 그 집은 과연 어디에 있는가? 바로 예수 그리스도 안에 있다.

예수께서는 우리가 어떻게 그분 안에 거하며, 살고, 뿌리 내리며 지낼 수 있는지, 우리에게 아주 단순한 가르침을 주셨다. 예수 안에 거하는 그 첫 번째 모습은 다음과 같다.

항상 기도하라

우상 숭배의 특징을 설명한 내용을 보고, 하나님의 말씀하시는 사랑에 대해 연구하면서, 아마 암담함과 절실함으로 충격을 받았을 것이다. 어쩌면 단 한 번이라도 사랑한 적이 있는지, 앞으로도 사랑할 수 있을지 의아해하면서 말이다. 그러한 절실함을 느낄 때에라야 우리는 기도한다. 자신이 느끼는 절실함과 무기력함 때문에 기도하는 것이다. 바람직한 일이다! 하나님은 우리가 사랑을 시도해야 할 때마다 언제나 기도하도록 하셨다.

하나님의 의로운 계명을 마주할 때나, 하나님의 성품과 특성을 계시하시는 말씀을 읽을 때에 내가 더욱 하나님께로 이끌려 간다. 어떤 것이 옳다라고 인식하는 것 자체가 나를 사랑할 수 있도록 만들어 주는 것이 아니다. 예수께서 내가 연약하고 비어있는 그릇이라는 것과, 나에게는 하나님이 절실히 필요하다는 사실과 하나님의 능력과 사랑과 생명이 바로 내 안에 있다는 사실을 보여주기 원하신다는 것을 깨달으면서, 나는 자유와 소망을 찾게 되었다.

요한복음 14~16장에서 예수께서는 사랑에 대한 계명을 자주 언급하셨다. 하지만 동시에 기도에 대해서도 얼마나 자주 언급하고 계시는지 한번 살펴보라.

너희가 내 이름으로 무엇을 구하든지 내가 시행하리니 이는 아버지로 하여금 아들을 인하여 영광을 얻으시게 하려 함이라(요 14:13).

내 이름으로 무엇이든지 내게 구하면 내가 시행하리라(요 14:14).

너희가 내 안에 거하고 내 말이 너희 안에 거하면 무엇이든지 원하는 대로 구하라 그리하면 이루리라(요 15:7).

너희가 나를 택한 것이 아니요 내가 너희를 택하여 세웠나니 이는 너희로 가서 과실을 맺게 하고 또 너희 과실이 항상 있게 하여 내 이름으로 아버지께 무엇을 구하든지 다 받게 하려 함이니라(요 15:16).

지금까지는 너희가 내 이름으로 아무것도 구하지 아니했으나 구하라 그리하면 받으리니 너희 기쁨이 충만하리라(요 16:24).

우리가 예수님과 함께 사는 것이라면, 우리는 모든 것을 항상 기도로 구해야 한다. 우리가 그렇게 행하는 것은 하나님을 믿기 때문이고 또한 예수님을 신뢰하기 때문이다(요 14:1). 우상 숭배의 영은 자기 자신이 무엇인가를 원하기 전까지는 결코 아무것도 기도하지 않는다. 그러나 우리가 하나님을 사랑할 때는 모든 것이 그로부터 온다는 것을 깨닫게 된다. 따라서 우리는 우리 안에 계신 예수님을 영화롭게 하기 위하여 모든 것을 하나님께 간구하는 것이다. 우리가 모든 것에 대해 예수께 말씀드릴 때, 우리 자신이 주님과 한 '집'에서, 그분과 함께 살며 그분과 머무르고 있음을 깨닫는다. 우리가 자신의 필요를 깨닫고, 하나님의 성실하심을 믿으며 기도할 때, 하나님께서는 성령을 보내셔서 우리를 인도하도록 해 주신다. 그런 후 우리는 그분의 말씀을 듣고서, 이를 받아들여 그 말씀을 삶에 적용하게 되는 것이다. 그리고 이를 통하여 예수 안에 거하는 두 번째 모습으로 인도함을 받는다.

언제나 하나님의 말씀을 먹으라

음식을 먹으면, 그 음식은 몸 속으로 들어가 근육과 세포 조직으로 변환된다. 그것이 내 몸의 일부가 될 때, 나의 새로운 정체성으로 자라나게 된다고 볼 수 있다. 이와 같은 방법으로, 예수께서는 하나님의 말씀을 먹으라고 말씀하셨다. 말씀을 읽고 묵상하며 하나님과의 교제를 나누라고 말이다. 우리가 하나님의 말씀을 먹을 때, 우리는 '집으로 돌아가게' 되고, 예수 그리스도와 함께 '머물게' 된다.

개인의 경건의 시간, 또는 'Q.T'를 하는 목적은 단순히 하나님께서 오늘도 좋은 날을 주시기를 바라며 읽어 나가는 형식을 지키기 위한 것이 아니다. 그것은 긍정적인 조각 연장을 사용하는 것에 지나지 않는다(물론 잘 먹혀들지도 않고 말이다). 하나님의 말씀 안에서 시간을 갖는 목적은 하나님 그분과 교제를 나누기 위해서다. 내 마음속에 저장된 말씀의 한 구절 한 구절이 예수님과 거할 장소를 제공해 주는 것이다. 모든 말씀을 내 속에 품고 그 안에 계신 예수님을 발견할 수 있다!

지금도 내 마음에 남아 있는 인상 깊은 만남이 있다. 에쿠아도르로 선교사역을 위해 떠났던 전설적인 선교사, 클락이다. 클락 선교사를 만났을 때, 나는 충격을 금할 수 없었다. 그가 입을 열 때마다 튀어 나오는 모든 말은 거의 성경말씀이었던 것이다. 그를 휘감은 하나님의 임재는 마치 하나님께서 모세와 대면하시던 때에 시내 산 기슭에 머물러 있었던 영광의 구름과도 같았다!

우리가 만나는 사람들 가운데, 하나님의 말씀으로 예수님의 임재가 충만하기 때문에 더욱 끌리는 사람들이 있다. 그들의 대화와 삶의 방식 가운데 하나님의 말씀이 더욱 충만하게 될수록, 더욱 생명력 있는 예수 그리스도의 임재를 전하게 된다. 그들의 삶은 향기로운 생명의 향기를 머금고 있다.

그와는 반대로, 내가 하나님의 계명을 지키지 않는다면, 나는 하나님을 사랑하는 것이 아니다. 하나님께서 나의 불순종의 영역을 보여주실 때에, 그는 더욱 깊은 단계의 관계로 나를 이끄시고, 그를 더욱 사랑할 수 있도록 나를 자유롭게 하신다. 그리고 내가 예수님의 사랑으로 하나님을 사랑하게 될 때, 나는 그의 말씀을 지키는 것이 되고, 더 이상 하나님의 명령이 내게 짐으로 느껴지지 않는다(요일 5:3).

다시 한 번 요한복음 14~17장까지의 내용 가운데, 하나님의 말씀을 '지키는' 내용의 특징을 자세히 살펴보자. '지킨다'라는 의미는 단순한 복종만을 의미하는 것이 아니다. 어떠한 것을 꽉 움켜지거나, 이를 잘 수호한다는 의미도 포함된다. 우리가 예수 안에 거하려면, 활자로 새겨진 말씀이나 성령께서 들려 주시는 말씀 모두를 귀하게 여겨

야 한다. 성령께서 우리 마음 가운데 하시는 말씀은 항상 성경말씀에
비춰 검증되어야 한다.

너희가 나를 사랑하면 나의 계명을 지키리라(요 14:15).

나의 계명을 가지고 지키는 자라야 나를 사랑하는 자니 나를 사랑하는
자는 내 아버지께 사랑을 받을 것이요 나도 그를 사랑하여 그에게 나를
나타내리라(요 14:21).

보혜사 곧 아버지께서 내 이름으로 보내실 성령 그가 너희에게 모든 것
을 가르치시고 내가 너희에게 말한 모든 것을 생각나게 하시리라(요
14:26).

내가 아버지의 계명을 지켜 그의 사랑 안에 거하는 것같이 너희도 내 계
명을 지키면 내 사랑 안에 거하리라(요 15:10).

내 계명은 곧 내가 너희를 사랑한 것 같이 너희도 서로 사랑하라 하는 이
것이니라(요 15:12).

내가 아버지의 말씀을 저희에게 주었사오매 세상이 저희를 미워했사오
니 이는 내가 세상에 속하지 아니함 같이 저희도 세상에 속하지 아니함
을 인함이니이다(요 17:14).

저희를 진리로 거룩하게 하옵소서 아버지의 말씀은 진리니이다(요 17:17).

우리가 하나님의 말씀을 연구하고, 암송하며, 깊이 묵상하면, 우리가 사랑을 보여야 할 필요가 있을 때 성령께서 이를 우리에게 기억나게 하실 것을 확신할 수 있다. 우리가 어떻게 그 사실을 알 수 있는가? 예수께서 이 세상을 떠나실 것을 알게 되었을 때, 제자들의 마음이 어떠했을지 상상할 수 있겠는가? 겨우 3년을 배웠는데, 어떻게 하나님의 말씀을 기억해 낸다는 말이었을까? 그 내용들을 공책에 다 받아썼던 것도 아닌데 말이다. 예수님의 설교 내용을 저장해 놓은 컴퓨터 파일이 있었던 것도 아니고, 무슨 복사본이 있었던 것도 아닌데 말이다. 제자들은 배웠던 모든 것을 기억해 내지 못할까봐 무척 두려워했다. 하지만 제자들은 일생 동안 예수께서 세워 놓으신 하나님 나라에 의지하여 살았다.

예수께서 죽으시고 부활하신 후 약 15년에서 20년이 지난, 주후 1세기의 후반까지는 아직 복음서들이 완성되지 않은 것을 생각해보면, 예수께서 이렇게 말씀하셨다는 사실은 너무나 놀라운 일이다. "보혜사 곧 아버지께서 내 이름으로 보내실 성령 그가 너희에게 모든 것을 가르치시고 내가 너희에게 말한 모든 것을 생각나게 하시리라"(요 14:26). 성령님의 역사로 인해, 제자들은 예수님이 하셨던 대화나 사건 그리고 설교 말씀의 단어 하나하나까지도 모두 기억해 낼 수 있었던 것이다! 당신이 규칙적으로 하나님의 말씀을 먹는다면, 성령께서 그 말씀을 당신의 머릿속에 떠오르게 하실 수 있다. 그렇게 되면, 인생을 살아 나가는 데 있어서, 주께서 내 안에 '거할 장소'가 많아지는 것이다.

하지만 그저 말씀의 지식을 얻고 기도하는 것만으로 충분한 것일까? 우리가 남을 사랑할 수 있으려면 그리스도 안에 거하는 것의 세 번째 내용을 아는 것은 필수적이다. 예수께서는 다음과 같이 가르치셨다.

사랑 때문에 순종함

그리스도 안에 거한다는 것은 또한 사랑을 동반한다. 하나님께서 우리를 사랑하시기에 우리는 그 말씀에 순종하는 것이고, 또한 우리도 그를 사랑하기에 순종하는 것이다. 다음의 구절들을 읽어 보면, 예수께서 사랑 때문에 순종하는 것에 대해 얼마나 자주 언급하고 계시는지 분명하게 볼 수 있다.

너희가 나를 사랑하면 나의 계명을 지키리라(요 14:15).

나의 계명을 가지고 지키는 자라야 나를 사랑하는 자니 나를 사랑하는 자는 내 아버지께 사랑을 받을 것이요 나도 그를 사랑하여 그에게 나를 나타내리라(요 14:21).

나를 사랑하지 아니하는 자는 내 말을 지키지 아니하나니 너희의 듣는 말은 내 말이 아니요 나를 보내신 아버지의 말씀이니라(요 14:24).

내가 아버지의 계명을 지켜 그의 사랑 안에 거하는 것같이 너희도 내 계명을 지키면 내 사랑 안에 거하리라(요 15:10).

내 계명은 곧 내가 너희를 사랑한 것 같이 너희도 서로 사랑하라 하는 이 것이니라(요 15:12).

너희가 나의 명하는 대로 행하면 곧 나의 친구라(요 15:14).

내가 이것을 너희에게 명함은 너희로 서로 사랑하게 하려함이로라(요 15:17).

우리가 예수님의 말씀에 순종할 때, 성령을 통해 그 일을 이루실 것을 기대하게 된다. 우리가 하나님의 사랑으로 사랑할 때, 예수님을 영화롭게 하는 주 예수께서도 아버지께 '우리를 돕기 위해' 성령을 보내주실 것을 간구하신다. 우리의 책임은 하나님의 말씀을 먹고, 기도하고 순종하는 것이다. 명령받은 대로 사랑하기 위해 순종할 때, 주 예수께서도 이를 위하여 기도하시고 이행하실 것을 약속하신다. 우리가 사랑할 때, 예수께서도 사랑하신다. 예수께서 우리를 통하여 사랑을 베푸실 때, 우리는 그의 사랑 안에 거하고, 그를 개인적으로 깊이 알게 된다.

"사랑하는 자들아 우리가 서로 사랑하자 사랑은 하나님께 속한 것이니 사랑하는 자마다 하나님께로 나서 하나님을 알고"(요일 4:7). 하나님께서 우리를 통해 사랑을 부어주실 때, 우리는 하나님을 알게 된다. 이것이 인간이 하나님을 볼 수 있는 유일한 방법이다. 요한은 그가 썼던 첫 번째 서신서에서 계속 사랑에 대해 설명하고 있다. "어느 때나 하나님을 본 사람이 없으되 만일 우리가 서로 사랑하면 하나님이 우리 안에 거하시고 그의 사랑이 우리 안에 온전히 이루느니라"(요일 4:12). 하나님의 사랑이 예수님과 우리 자신들을 통해 전해지지 않으면, 하나님의 사랑은 결코 그 사명을 완수할 수도 없고 완전해질 수도 없다. 우리를 통하지 않고서는 하나님의 사랑은 완전해질 수 없다는 말이다!

1970년대 복음 전도 운동을 통해 유명해진 문구가 있다. "하나님은 당신을 사랑하시고, 당신의 인생을 위한 놀라운 계획을 가지고 계신다." 우상 숭배자들이라면 누구나 이 문구가 말하는 사랑을 원할 것이다. 이 사랑은 하나님이 당신을 위해 무엇을 하셨으며, 막연히 하나님에 대한 좋은 느낌과 하나님의 인정을 받음으로 으쓱한 기분을 느끼는 것과 관련된 것이다. 하나님의 사랑은 당신의 죄를 위해 자신의 독생자를 희생시킨 모습에서 알 수 있다. 그리고 하나님이 당신을 너무 사랑하시므로, 당신은 지금 그 사랑으로 돌아와야 하며 하나님께 당신 자신을 드리고, 다른 사람을 사랑해야 한다고 말한다. 하지만 불행하게도, 사랑에 대한 이러한 개념은 오직 나만을 위해 하나님의 목적과 사랑을 생각하고, 나만을 위해 무언가를 얻어 내며 자신만을 위한 '멋진' 인생과 따뜻한 손길을 느끼는 것에 초점을 맞추고 있는 것이다.

물론 이러한 복음에도, 멋진 진리의 내용이 몇 군데 들어 있기는 하지만 하나님의 사랑에 대한 성경적인 관점은 배제하고 있다. 사도 요한의 말씀에 따르면, 우리 안에 하나님의 사랑이 완전해지기 전까지는 다른 사람들에게 하나님의 사랑을 전할 수가 없는 것이다. 하나님으로부터 나온 사랑이 그 사명을 완수하고, 아들과 성도들을 통하여 불신자들의 영에게 흘러가지 않으면, 불신자들은 하나님의 사랑을 받는다는 사실을 도저히 깨달을 수 없다. "하나님은 당신을 사랑하십니다"라는 말이 그럴듯하게 들리지만, 단순히 따뜻한 관심을 받는다는 느낌 외에 더 깊은 의미가 있는 것이다.

사도 요한은 4장에서도 계속 설명하고 있다. "하나님이 우리를 사랑하시는 사랑을 우리가 알고 믿었노니 하나님은 사랑이시라 사랑 안에 거하는 자는 하나님 안에 거하고 하나님도 그 안에 거하시느니라 사랑 안에 두려움이 없고 온전한 사랑이 두려움을 내어 쫓나니 두려움에는 형벌이 있음이라 두려워하는 자는 사랑 안에서 온전히 이루지 못했느니라 우리가 사랑함은 그가 먼저 우리를 사랑하셨음이라 누구든지 하나님을 사랑하노라 하고 그 형제를 미워하면 이는 거짓말하는 자니 보는 바 그 형제를 사랑치 아니하는 자가 보지 못하는 바 하나님을 사랑할 수가 없느니라"(요일 4:16, 18~20).

하나님의 사랑이 우리를 통해 흘러넘칠 때, 우리는 하나님과 그의 아들을 보게 된다. 또한 우리는 예수께서 아버지 안에, 아버지는 예수 안에 그리고 우리는 하나님 안에, 하나님은 우리 안에 계신다는 진리를 발견하게 된다(요 14:20). 오직 '완전한' 사랑만이 심판의 두려움을 내어 쫓는다. 요한은 세상적인 사랑을 이야기하는 것이 아니다. 세상의 사랑은 하나님의 자녀들 안에 모호한 느낌만을 남겨 둘 뿐이다. 하지만 하나님이 말씀하시는 사랑은 그 안에서만 역사할 뿐 아니라 다른 사람들까지 축복한다. 내가 그리스도께 순종하기 위해 누군가를 사랑하고, 내 안에 계신 예수를 통해서 하나님이 영광 받으실 것을 기도하면, 성령께서 내 안에 임한 그리스도의 임재를 내가 사랑하는 그 사람에게 보여 주신다. 바로 이 순간, 하나님의 사랑은 그 형제가 아닌 내 안에서 완전해지는 것이다. 그리고 나의 사랑을 받은 그 형제가 예수 그리스도와의 관계로부터 비롯된 사랑을 흘러보내게 되면, 그 사람 안에서도 하나님의 사랑이 완전해진다. 하나님께 모든 영광을 드리자!

우리가 복음을 전하고 제자훈련을 할 때 반드시 가르쳐야 할 것이 바로 이러한 사랑의 모습이다. 우리 생각 속에 틀어박힌 세상적인 사랑을 모두 내버리고, 하나님으로부터 오는 사랑을 증거하는 증인이 되자. 당신은 진정한 사랑을 나누도록 준비될 수 있다.

당신이 사랑을 나눌 준비가 되는 것은 전적으로 예수님의 능력에 달려 있는 것이지 자기 힘으로 되는 것이 아니다. "나를 떠나서는 네가 아무것도 할 수 없다"는 말씀 때문이다(요 15:5). 이 말씀은 우상 숭배와 완전한 대조를 이룬다.

14장 사랑을 위해 준비된 세대

하나님이여 저희를 정죄하사 자기 꾀에 빠지게 하시고 그 많은 허물로
인하여 저희를 쫓아내소서 저희가 주를 배역함이니이다(시 5:10).

남성들이 먼저 시작해야 하는 사랑

　나와 같은 또래의 사람들과 이야기를 나눌 때마다, 그들 대부분이
자기 자녀들에게 결혼과 양육에 대해 미리 훈련을 받고 준비될 수 있
기를 바라는 마음을 가지고 있다는 것을 느끼게 된다. 자신들이 성인
이 되었을 즈음에 겪어야 했던 감정적이고 육욕적인 마음의 짐들 때
문에 자녀들도 동일한 어려움을 겪지 않기를 바라는 것이다. 우리들
대부분이, 결혼을 준비하는 대신 성을 가볍게 여겼던 젊은 시절에 습
득한 습관들과 취향들을 떨쳐 버리려고 지금도 안간힘을 쓰고 있다.
우리는 지금 이기적인 삶에 대한 책망으로 고달파하면서 과연 인생

에 있어서 무엇이 가장 중요한지를 배우고 있다. 또한 다음 세대에는 좀 더 나은 상황이 되기를 바란다.

여러분도 같은 마음이기를 바란다. 우리 자신에게는 그런 능력이 없고, 오직 하나님을 바라는 소망이 있을 뿐이다. 하나님께서는 그를 사랑하고 그 말씀을 지키는 수많은 사람들에게 그의 사랑을 보이시겠다고 약속하셨다. 하나님은 다음 세대들이 변화되기 원하신다.

우리가 자녀들을 하나님의 사랑으로 품고 모든 것의 근원되시는 그분께로 인도할 수만 있다면, 손자 세대들에게 더 없는 축복을 안겨 줄 수 있다. 우리의 아들, 딸들이 젊은 시절부터 그리스도 안에 거하게 되고 사랑하는 법을 배우게 된다면, 관계가 파경에 이르는 일을 겪지 않아도 될 것이다. 내 자신이 이미 경험한 일이기에, 정말 기대가 된다. 우리 딸, 애비와 앨리사는 2년 전 결혼했다. 그 아이들은 우리 부부가 35세였을 때보다도 사랑하는 법을 훨씬 잘 알고 있다. 단지 사랑에 대한 몇 가지 사실만을 알고 있는 것이 아니라, 사랑의 근원은 하나님이심을 알고 그분과 함께 동행하는 법을 아는 것이다. 그리고 그 애들의 자녀들은 그보다 더 큰 축복을 받을 것이다. 부모로부터 하나님의 사랑으로 사랑받고, 어릴 적부터 우상 숭배와 사랑의 근원이신 하나님에 대해 배울 것이기 때문이다. 하나님께서는 사람들이 사랑하는 법을 배울 수 있도록, 가정을 실험장소로 고안하신 것 같다.

우리 남성들이 먼저 사랑을 실천해야 한다. 사랑하는 법을 모르는 남성의 권위 아래 힘겹게 살아가는 아내와 자녀들의 무거운 마음의 짐을 한 번 생각해 보라. 아버지와 남편들이여, 아내와 자녀와의 관계 속에서 얼마나 당신들 자신의 안락과 편안과 만족을 위해 그들을 이용해 왔는가? 미혼 남성들이여, 결혼을 생각할 때, 혹 당신만이 만족할 필요만을 기대하고 있는 것은 아닌가? 내가 결혼에 대한 아무런 비전도 없이 막무가내로 결혼 생활에 뛰어들었던 것처럼 혹 여러분도 나와 비슷한 상황은 아닌가! 물론 다른 사람들을 돌보고 섬길 것을 가르쳐 주신 부모님께 감사하지만 우상 숭배의 영의 특징을 알게 되기까지는 우상 숭배의 영의 영향력을 벗어나 사랑하는 법을 전혀 알 길이 없었다.

아버지가 자기 아내와 딸들을 어떻게 사랑하느냐 하는 것은, 여성으로서의 자기 정체성에 강력한 영향력을 미친다. 아빠가 어머니를 이용하는 모습을 보아 온 아이는 여성과 결혼에 대하여 부정적인 태도를 가지게 될 것이다. 반대로, 아버지가 어머니를 그리스도의 사랑으로 사랑하는 모습 - 보호하고, 섬기고, 존경하고, 귀 기울여 주며, 이해해 주고, 친절하게 가르쳐 주는 모습 - 을 보고 성장해 온 딸아이는 자신의 성역할에 자존감을 갖게 되어 결혼에 대하여 기쁨을 가지고 그것을 수용하게 된다. 여러분은 딸들에게 어떠한 영향력을 주고 있는가?

당신의 아들들도 분명 아버지와 남편으로서 행동하는 당신의 모습을 보며 본보기로 삼을 것이다. 당신이 아내를 사랑하는 모습을 보게되면, 후에 아들도 자기 아내를 사랑하게 될 것이다. 아들은 당신의 모습을 보면서 여성을 사랑하는 법을 배우는 것이다(아들이 아버지인 당신으로부터 하나님의 사랑을 배우지 못한다면, 결국 세상의 사랑을 배우게 될 것이다). 당신이 아내를 창조적으로 사랑하는 데 아들도 함께 동참할 수 있도록 배려해 준다면, 당신은 다음 세대들에게 사랑의 영향력을 미치고 있는 셈이다. 아들에게 하나님의 사랑으로 누이들과 어머니를 사랑하도록 가르치라. 그들을 어떤 식으로 사랑하는가에 따라 장차 아내를 사랑하는 방식의 기초가 형성되는 것이다. 아버지여, 당신은 지도자다! 당신의 아들은 여성을 사랑하는 방법을 어떤 식으로 배우고 있는가?

가장 중요한 것은, 당신의 아내와 자녀들에게 하나님을 사랑하는 법을 가르치는 것이다. 신명기 6장을 보면, 자녀들이 하나님과 온전한 관계를 가지도록 훈련하는 것은 아버지의 책임이라고 말씀하신다. 또한 에베소서 6장에서도 사도 바울이 동일한 내용을 반복하고 있다. 우리의 자녀들이 하나님을 아는 지식에 이르도록 하려면, 그들 안에 있는 우상 숭배의 죄와 반드시 대면해야 한다.

사도 바울이 디도에게 쓴 편지를 보면, 하나님께서는 남성들을 가정의 영적 지도자로 부르셨고, '건전한 믿음과 사랑'을 소유하도록 하셨다. 또한 단지 가족들에게 사랑의 모범을 보일 뿐만 아니라, 먼저 우상 숭배의 죄를 회개하고 예수 그리스도와 관계 속에서 사랑할 수 있는 방법을 가르쳐야만 한다. 우리는 하나님 말씀을 전하는 자로서, 가족들에게 우상 숭배에 대한 모든 말씀을 보여 주고 가르치며, 그들의 양심 가운데 간직하도록 해야 한다. 그러한 후에야 가족들은 그리스도 안에 거해야 할 필요를 깨닫게 되는 것이다.

우리 자녀들도 역시 자신의 자녀들을 이와 같은 방법으로 훈련시키고자 하는 비전을 가져야 한다. 나는 하나님께서 이 책을 통하여 당신이 아내와 자녀들을 사랑할 수 있도록 준비시키고, 또한 그 열매가 미래의 많은 세대들 안에서 드러나기 바란다. 그들은 하나님의 사랑으로 하나님을 사랑하고 자신들을 사랑해 주었던 아버지의 모습을 자랑스럽게 간증하게 될 것이다. 당신은 어떠한가? 당신이 예수 그리스도를 진정으로 안다면, 진실한 사랑을 나눌 준비가 된 것이다!

아내들과 어머니들

주부들과 어머니들이여, 여러분이 남편들과 자녀들을 향해 우상을 새기고자 했던 사실을 알고 있었는가? 몰랐다면 이제부터라도 그 사실을 깨닫기를 바란다. 하나님께서 여러분에게 은혜를 주셔서, 다른 사람들을 사랑하는 기술을 익히고, 그 사랑으로 남편을 사랑하며 자녀들을 훈련하기를 바란다. 자녀들이 대부분의 시간을 함께 보내는 사람은 바로 어머니이므로, 여러분들이야말로 자녀들에게 엄청난 영향력을 미치는 사람들이다. 여러분의 딸들이 여러분을 본보기로 삼고 그 가르침을 받는다면, 과연 남편을 올바로 사랑할 수 있을 것인가? 여러분의 아들들은 자기 어머니와 같이 상냥하고 사랑이 충만한 사람을 자신의 아내로 삼고자 할 것인가?

나는 또한 아직 남편이 사랑하는 법을 알지 못한다고 느끼는 여러분들에게 격려해 주고 싶은 것이 있다. 남편의 연약함과 무기력함은 바로, 여러분이 하나님과 더 깊은 교제를 누리도록 하시려는 하나님의 초대의 선물인 것이다. 하나님 앞에 나아갈 때마다, 남편을 사랑할 수 있는 그리스도의 사랑을 여러분 안에 완전하고 충만하게 하실 것이다. 하나님께서 당신 안에 역사하셔서, 겸손과 온유, 지혜와 담대함으로 사랑 안에서 말할 수 있기를 바란다. 당신은 매일의 삶 가운데 그리스도의 사랑을 보여 줄 수 있는 중대한 특권을 가진 사람이다. 당신이 예수 그리스도를 진정으로 경험한다면, 진실한 사랑을 나눌 준비가 된 것이다!

어린이와 청소년

어린이와 청소년 가운데서도 이 말씀을 읽는 이들이 있기를 바란다. 내가 보았던 사람들 가운데 이 말씀을 듣고 참으로 신실하게 반응한 몇몇 사람들은 바로 청소년들이었다. 그들은 부모님과 형제, 자매를 사랑하는 법을 배우고, 하나님을 영화롭게 하는 우정의 관계를 세워 가는 법을 배운 것에 대해 참으로 고마워했다. 여러분들이 이 말씀을 가족들과, 반 급우들과, 친구들에게 적용하게 될 때, 자신의 미래를 준비하는 셈이 된다. 부모와 형제, 자매를 사랑하는 법을 배움으로써 자신이 앞으로 경건한 배우자와 부모가 될 수 있도록 준비할 수 있는 기술을 습득하는 것이기 때문이다. 또한 이것은 여러분의 다음 세대에까지 영향력을 미치는 것이기도 하다! 여러분이 하나님의 사랑으로 사랑할 수 없는 사람은 없다. 당신이 예수 그리스도를 진정으로 안다면, 진실한 사랑을 나눌 준비가 된 것이다!

결혼에 관하여

진지하게 결혼을 생각하고 있는 사람들이야말로 사랑하는 방법을 배우고자 할 것이다. 어쩌면 여러분은 결혼하기 전에 사랑의 방법을 깨닫고 싶어서 이 책을 선택했을 것이다. 내 딸 아이에게 결혼 전에 내가 해 주었던 충고 가운데 가장 도움이 되었던 것이 무엇인지 물어보자, 그 애는 일말의 주저함도 없이 즉각 이렇게 대답했다. "우상 숭배와 사랑에 대한 내용이었어요. 아빠 말씀을 들은 후, 하루라도 내자신의 우상 숭배에 대해 생각하지 않은 날이 없었어요. 그래서 하나님께 사랑할 수 있도록 은혜를 달라고 구할 수밖에 없었죠."

어느 젊은 남자는 우상 숭배와 사랑에 대한 내용이야말로 결혼을 준비하는 데 있어서 그들 부부 모두에게 가장 중요한 부분이었다고 말해 주었다. 그는 날마다 그대로 적용하고 있노라고 했다. 나는 여러분들이 하나님의 사랑으로 결혼을 가꾸어 가기 위해 간구할 때에, 하나님께서 이와 같은 축복을 더해 주시길 기도한다.

당신의 첫 결혼 생활이 우상 숭배와 사랑의 부족으로 파경을 맞았고, 또 이전 배우자가 아직 재혼하지 않고 다시 화해할 수 있는 가능성이 있다면, 당신이 계속 그대로 남아 당신의 처음 배우자를 다시 사랑하기를 바라시는 것이 바로 하나님의 뜻이다.

나는 여러분들이 이 책에서 읽었던 사랑에 관한 내용들을 토대로, 이혼과 결혼에 대하여 성경말씀을 통해 깊이 생각해 보기를 바란다. 성경에 구체적인 죄로 지적되어 있지 않기 때문에 이혼과 재혼도 정당하다는 말은, 성경에 설명되어 있는 하나님의 사랑의 관점으로 볼 때 전혀 타당하지 않다. 성경이 말하는 바를 세상적인 사랑의 범주 아래 해석한 것이다. 하지만 하나님의 사랑은 깨어진 결혼 관계를 치유해 주신다.

당신이 읽은 내용을 완전히 이해했다면, 왜 처음 결혼이 실패했는지 이제 깨달았을 것이다. 하지만 당신이 첫 배우자와 화해하고, 처음부터 보여 주어야 했던 진실한 사랑으로 사랑하고자 할 때, 하나님께서는 당신과 그 아들 안에서 영광을 받으실 것이라는 사실을 믿어도 좋다. 당신은 이렇게 말할 수도 있다. "하지만 예전 배우자는 사랑하는 법을 모르는 걸요! 그리고 나도 그 사람에 대해서 아무런 느낌이 없구요."

당신의 '자아'가 원하는 것을 포기하고(행복과 안락), 옛 배우자야 말로 하나님의 사랑과 용서를 배울 수 있도록 하기 위해 하나님이 허락하셨던 사람임을 깨닫게 될 때, 비로소 내가 하나님의 사랑을 체험하고 하나님께 영광 돌릴 수 있는 기회임을 알게 된다.

여기에 자녀 문제가 연루되어 있다면, 자녀들이야말로 당신 안에 있는 하나님의 사랑을 볼 수 있어야 한다! 그들의 눈으로 하나님의 사랑에 대한 살아 있는 증거를 보게 된다면, 그들의 인생은 영원히 변화될 것이다. 다음 세대들은 당신이 보여 주는 신실함과 사랑으로 큰 영향을 받는다. 그들의 인생이 당신의 반응에 달려 있으므로, 다른 우상숭배의 대상을 찾아 그를 숭배하고, 섬기며 조각을 새기는 일을 시도하는 대신 지금까지 배운 사랑의 교훈을 적용하기 바란다. 당신이 진정한 사랑으로 사람들을 사랑할 것을 간구할 때 하나님께서 영광받으실 것이다. 세상의 사랑에 붙잡힌 사람은 결코 그러한 일을 할 수 없다. 오직 하나님의 사랑으로 준비된 사람만이 가능한 일이다. 당신이 예수 그리스도를 진정으로 알게 되었다면, 진실한 사랑을 나눌 준비가 된 것이다!

사랑은 오직 하나님께서 주시는 것임을 깨달았으니, 이 시간 함께 기도로 이 책을 마무리하는 것이 좋을 듯하다. 함께 기도하자.

"새 계명을 너희에게 주노니
서로 사랑하라 내가 너희를 사랑한 것 같이
너희도 서로 사랑하라" (요 13:34)

참사랑을 위한 기도

하늘에 계신 아버지,

우리의 죄악과 사랑할 능력도 없는 우리 모습을

겸손히 올려 드립니다.

선지자 이사야의 영으로 당신 앞에 부르짖습니다.

우리 모두 하나같이 정결하지 못한 존재가 되었으며,

또 우리의 모든 의로운 행위는 더러운 옷과도 같습니다.

우리는 모두 떨어진 잎처럼 시들어 가고,

우리의 죄악은 바람과 같아서 우리를 멀리 날려 버립니다.

그리고 하나님은 우리를 우리 죄악의 힘 가운데 버려 두셨습니다.

하지만 주님,

이제 주님은 우리의 아버지이십니다.

우리는 진흙이고, 아버지는 토기장이십니다.

우리 모두는 하나님의 손으로 만드신 작품입니다.

오, 주님, 우리에 대한 격한 분노를 제하시고,

우리의 죄를 영원히 기억하지 마소서.

주님,

우리는 모두 당신의 백성입니다.

하나님의 거룩한 성회가 황무지와 같이 되었고,

시온도 이 세상과 같은 황량한 곳이 되었습니다.

하나님, 이 일에 대해 그저 참으실 것입니까?

그저 침묵을 지키며 우리를 괴롭게 하시겠습니까?

우리는 하나님께서 모든 만물을 공급하시는 근원이심을 압니다.

하나님께서 우리에게 허락하신 상황과 사람들을 인해

감사를 드립니다.

예수님을 통하여 우리에게 은혜를 주시기 위해,

우리를 겸손케 하신 주님의 지혜에 감사드립니다.

아버지, 우리 자신과 우리 자녀들에게 은혜를 베풀어 주소서.

우리의 마음을 돌이켜 주셔서, 그들을 사랑하게 하시고

또 사랑하는 법을 훈련할 수 있게 해 주소서.

이 어두운 세상에 밝은 빛을 비추기 위해

다음 세대들을 일으켜 주소서.

우리는 하나님의 사랑이 얼마나 깊은지 헤아릴 수도 없지만,

사랑 안에 더욱 자라나서 하나님의 사랑의 넓이가 어떠한지

좀 더 이해할 수 있기를 원합니다.

우리가 예수 그리스도의 모습을 보일 수 있을 만큼 성숙하기까지,
어떻게 사랑하는 것인지 가르쳐 주소서.
성령으로 우리를 채워 주소서.
주의 이름으로 가장 사랑하기 힘든 사람들도
사랑할 수 있도록 말입니다.
우상 숭배의 영으로 파괴되었던 관계를 회복해 주소서.
우상 숭배에 근거했던 나의 기대와 실망 때문에
내 맘에 가득한 쓴뿌리와 상처는 사라지게 하소서.

무엇보다도,
우리를 자유케 하셔서
우리의 모든 마음과 영혼과 생각과 힘을 다해
하나님을 사랑하게 하시고,
우리와 밀접한 관계의 사람들을 사랑할 수 있게 하소서.

예수님 이름으로 기도합니다. 아멘.

1) Oswald Chambers, My Utmost for His Highest(Ulrichville, OH: Barbour and Company, Inc., 1963), p. 261.

2) The Philadelphia Confession of Faith(Sterling, Virginia: Grace Abounding Ministries, Inc., 1981), p. 13.

3) James Adams, Decisional Regeneration(Pensacola, Florida: Chapel Library), p. 2.

4) Ibid., p. 4.

5) Ibid., p. 5.

6) Iain Murray, The Forgotten Spurgeon(London: 1966), p. 110.

7) C. H. Spurgeon, The New Park Street Pulpit(London, 1964), Vol. 6, P.

8) James Adams, Decisional Regeneration, p. 7.

9) Daniel Defoe, Robinsom Crusoe(New York, NY: Macmillan Publishing Company, 1983),   p. 126.

10) Joseph Alleine's Alarm(Carlisle, Pennsylvania: The Banner of Truth Trust, 1978), p. 101.

11) Ibid, p. 102.

12) D.L. Moody, The Overcoming Life(Chicago, IL: Moody Bible Institute, 1896), pp 31~45.